Editorial

Liebe Leserin, lieber Leser,

die Fußballweltmeisterschaft in Deutschland wird niemanden unbewegt lassen. Warum auch? Es wird eine Riesenparty, an der 32 Nationen aktiv und sehr viel mehr vor den TV-Geräten dieser Welt teilnehmen werden – gemeinsam mit Freunden und Familie. Doch was tischt man passend zum Ereignis auf? Diese Frage beantwortet Kick'n'Cook grandios. Das Magazin präsentiert zu jeder Begegnung in den großen Fußballarenen des Landes die Fusion der beiden Länder auf dem Teller.

Weil während einer Weltmeisterschaft generell wenig Zeit für aufwändiges Hantieren mit Töpfen und Pfannen ist, sind fast alle Kick'n'Cook-Gerichte praktisch im Ofen zuzubereiten: Während es backt, lässt sich trefflich mit den Gästen über das nächste Spiel fachsimpeln. Und wenn Sie nicht glauben können, dass die gesamte kulinarische Welt in einem Ofen Platz hat, dann sollten Sie sich die Produkte von NEFF unbedingt einmal genauer anschauen.

Egal ob Sie backen, braten, grillen, gratinieren, überbacken oder ein komplettes Menü zaubern möchten: Die Herde und Backöfen von NEFF bieten mit bis zu 14 Betriebsarten unendlich viele Möglichkeiten. Ein Volltreffer ins Herz passionierter (Hobby-)Köche ist das von der Stiftung Warentest prämierte CircoTherm Heißluftsystem, das es ermöglicht, verschiedene Gerichte gleichzeitig auf mehreren Ebenen zuzubereiten. Ohne Vermischung der Aromen, denn der Hitzestrom wird kontrolliert um die einzelnen Ebenen geführt – so souverän und zielsicher wie der Ball, der am Fuß von Zinedine Zidane die Gegenspieler umkurvt.

Doch nicht nur das Innenleben der Geräte von NEFF ist spektakulär: Mitdrehende Türgriffe und die voll versenkbare Backofentür garantieren perfekte Ergonomie beim Öffnen und Schließen. Und was fürs Auge gibt's selbstverständlich auch: Design made by NEFF ist vielfach international ausgezeichnet.

Hoffen wir, dass die Matches dieser Weltmeisterschaft ebenfalls ein ästhetisches Vergnügen nicht nur für Fußballgourmets sein werden. Und eine internationale Auszeichnung gönnen wir unserem Trainer und seinen Mannen selbstverständlich von Herzen.

Ihnen wünschen wir, dass Sie mit Kick'n'Cook alle Spiele der Weltmeisterschaft voll auskosten werden!

Ihr NEFF-Team

Inhalt

WM Spielplan..6
Alle Spiele auf einen Blick

Vorrunde Gruppe A......................................8
Deutschland, Costa Rica, Polen, Ecuador
Deutschland : Costa Rica
Schweinshaxe mit Rice & Beans.................10
Polen : Ecuador
Kabanosy auf Ananas-Sauerkraut................12
Deutschland : Polen
Gratinierter weißer und grüner Spargel
mit Pilz-Sahne..14
Ecuador : Costa Rica
Ananas-Baiser-Kuchen...................................16
Costa Rica : Polen
Heidelbeer-Kaffee-Kuchen 17
Ecuador : Deutschland
Kirsch-Kokos-Kuchen.....................................18

Vorrunde Gruppe B....................................20
England, Paraguay, Trinidad & Tobago, Schweden
England : Paraguay
Mais-Käse-Pie...22
Trinidad & Tobago : Schweden
Würziges Lachsfilet mit Ananas im Bananenblatt 24
England : Trinidad & Tobago
Kedgeree mit Jakobsmuscheln 25
Schweden : Paraguay
Kabeljauauflauf mit Chilischoten und Zitrone 26
Paraguay : Trinidad & Tobago
Bohnen mit Fleisch und Spiegelei 27
Schweden : England
Hecht auf Gemüsebett mit Mint-Lemon-Sauce..............28

Vorrunde Gruppe C....................................30
Argentinien, Elfenbeinküste, Serbien/Montenegro, Niederlande
Argentinien : Elfenbeinküste
Karibisches Süßkartoffelgratin mit Kochbananen..........32
Serbien/Montenegro : Niederlande
Gegrillter Hering mit Paprikaschoten............33
Argentinien : Serbien/Montenegro
Kürbiskuchen mit Slivowitz 34
Niederlande : Elfenbeinküste
Gratinierte Maniokpuffer 36
Elfenbeinküste : Serbien/Montenegro
Überbackenes Ananas-Hackgemüse 38
Niederlande : Argentinien ....
Filetsteak mit Avocadocreme auf Toast.......40

Vorrunde Gruppe D....................................42
Mexiko, Iran, Angola, Portugal
Mexiko : Iran
Fesenjan-Tortilla...44
Angola : Portugal
Bacalao-Okra-Auflauf 46
Mexiko : Angola
Überbackener Bohneneintopf
mit Paprika und Tortillachips........................47
Portugal : Iran
Gratiniertes Kabeljaufilet mit Spinat
und Mandelblättchen 48
Iran : Angola
Schmorhuhn mit Limetten auf Reis 49
Portugal : Mexiko
Pastel de nata mit Mais.................................50

Vorrunde Gruppe E....................................52
USA, Tschechien, Italien, Ghana
USA : Tschechien
Jambalaya mit Prager Schinken 54
Italien : Ghana
Ossobuco mit FuFu..56
Tschechien : Ghana
Hähnchen-Kokos-Auflauf 58
Italien : USA
Frutti di mare mit Maisbrot...........................60
Ghana : USA
Bananenmuffins mit Haselnüssen 62
Tschechien : Italien
Überbackene Schinkennudeln......................63

Vorrunde Gruppe F....................................64
Australien, Japan, Brasilien, Kroatien
Australien : Japan
Ingwer-Reispudding mit Kiwi-Fruchtmix......66
Brasilien : Kroatien
Kasseler mit Paprika-Koriandersauce 68
Japan : Kroatien
Mirabellen-Ingwer-Kuchen 70
Brasilien : Australien
Gebratene Tunfischsteaks mit Bohnen-Mais-Salsa........72
Kroatien : Australien
Straußenfleisch-Gemüse-Spieße..................73
Japan : Brasilien
Rind-Teriyaki 74

Bitte beachten Sie, dass die Zubereitungszeiten und Temperaturangaben in den Rezepten nur Richtwerte darstellen. Sie können bei verschiedenen Geräten differieren. Wenn nicht anders vermerkt, sind die Rezepte für vier Personen berechnet.

Inhalt

Vorrunde Gruppe G **76**
Frankreich, Schweiz, Südkorea, Togo

Südkorea : Togo
Hirseauflauf mit asiatischen Früchten 78

Frankreich : Schweiz
Käsefondue mit Schinken und Erdbeeren 79

Frankreich : Südkorea
Überbackene Reiswein-Zwiebelsuppe mit Scampi.........80

Togo : Schweiz
Gebratene Kochbanane mit Schinken,
Käse & Kirschen gefüllt..82

Schweiz : Südkorea
Rösti mit Bambussprossen und Chili...........................83

Togo : Frankreich
Gebackene Dorade Rosé mit Buttermaniok 84

Vorrunde Gruppe H **86**
Spanien, Ukraine, Tunesien, Saudi Arabien

Spanien : Ukraine
Zupfkuchen mit Mandeln 88

Tunesien : Saudi Arabien
Lammhackspieße mit Bulgur und Minzsauce 90

Saudi Arabien : Ukraine
Orientalische Soljanka...92

Spanien : Tunesien
Paella mit Lammbällchen 93

Ukraine : Tunesien
Orangentorte mit Wodka-Sahne 94

Saudi Arabien : Spanien
Flan mit Feigen und Datteln.......................................96

Die Finalrunde.. **98**

Impressum

Herausgeber: Neff, München
Tel. 089-4590 2902, Fax 089-4590 2700
E-Mail: marke@neff.de, www.neff.de

Verlag: Companions GmbH
Rödingsmarkt 9 · 20459 Hamburg
Tel.: 040-30 60 46-00

Chefredaktion: Claudia Lüersen (V.i.S.d.P.)
Fußball-Anekdoten: Dr. Frank Thomsen
Art-Directorin: Cornelia Prott
Korrektorat: Ulrike Frühwald, Dipl. oec. troph.
Bettina Baum

Druck: Neef + Stumme GmbH & Co KG, Wittingen

Bildnachweise:
Foto Matthias Liebich, Foodstyling und Rezepte Dipl. oec. troph. Jenny Susanti: S. 5, 10, 12, 14, 18, 22, 28, 34, 36, 38, 40, 44, 46, 50, 54, 56, 58, 60, 66, 68, 70, 74, 78, 78, 80, 84, 88, 90, 92, 93, 94, 96, U4 u. Titel (Gabel); Stockfood: S. 16, 17, 24, 25, 26, 27, 32, 33, 47, 48, 49, 62, 63, 72, 73, 79, 82, 83
Pixathlon: alle Sportfotos (außer S. 59 Getty Images)
Rezeptkarten: Stockfood (außer USA, Italien u. Titel links: DigitalVision; Japan, Ukraine, Saudi Arabien u. Titel re.: PhotoAlto; Brasilien u. Titel 3. v. l.: Image Source; Spanien u. Titel 2. v. l.: Christian Lohfink)

Vertrieb: BPV Medien Vertrieb GmbH & Co. KG,
Tel. 07623-964-0
Nachdruck nur nach vorheriger Einwilligung.
Alle Rechte vorbehalten.

WM Spielplan

Alle Spiele auf einen Blick

Vorrunde Gruppe A

09.06.	18:00	Deutschland : Costa Rica
09.06.	21:00	Polen : Ecuador
14.06.	21:00	Deutschland : Polen
15.06.	15:00	Ecuador : Costa Rica
20.06.	16:00	Costa Rica : Polen
20.06.	16:00	Ecuador : Deutschland

Vorrunde Gruppe B

10.06.	15:00	England : Paraguay
10.06.	18:00	Trinidad & Tobago : Schweden
15.06.	18:00	England : Trinidad & Tobago
15.06.	21:00	Schweden : Paraguay
20.06.	21:00	Paraguay : Trinidad & Tobago
20.06.	21:00	Schweden : England

Vorrunde Gruppe C

10.06.	21:00	Argentinien : Elfenbeinküste
11.06.	15:00	Serbien/Montenegro : Niederlande
16.06.	15:00	Argentinien : Serbien/Montenegro
16.06.	18:00	Niederlande : Elfenbeinküste
21.06.	21:00	Elfenbeinküste : Serbien/Montenegro
21.06.	21:00	Niederlande : Argentinien

Vorrunde Gruppe D

11.06.	18:00	Mexiko : Iran
11.06.	21:00	Angola : Portugal
16.06.	21:00	Mexiko : Angola
17.06.	15:00	Portugal : Iran
21.06.	16:00	Iran : Angola
21.06.	16:00	Portugal : Mexiko

Vorrunde Gruppe E

12.06.	18:00	USA : Tschechien
12.06.	21:00	Italien : Ghana
17.06.	18:00	Tschechien : Ghana
17.06.	21:00	Italien : USA
22.06.	16:00	Ghana : USA
22.06.	16:00	Tschechien : Italien

Vorrunde Gruppe F

12.06.	15:00	Australien : Japan
13.06.	21:00	Brasilien : Kroatien
18.06.	15:00	Japan : Kroatien
18.06.	18:00	Brasilien : Australien
22.06.	21:00	Kroatien : Australien
22.06.	21:00	Japan : Brasilien

Vorrunde Gruppe G

13.06.	15:00	Südkorea : Togo
13.06.	18:00	Frankreich : Schweiz
18.06.	21:00	Frankreich : Südkorea
19.06.	15:00	Togo : Schweiz
23.06.	21:00	Schweiz : Südkorea
23.06.	21:00	Togo : Frankreich

Vorrunde Gruppe H

14.06.	15:00	Spanien : Ukraine
14.06.	18:00	Tunesien : Saudi Arabien
19.06.	18:00	Saudi Arabien : Ukraine
19.06.	21:00	Spanien : Tunesien
23.06.	16:00	Ukraine : Tunesien
23.06.	16:00	Saudi Arabien : Spanien

WM Spielplan

Finalrunde

Spiele der Vorrunde chronologisch:

09.06.	18:00	Deutschland : Costa Rica
09.06.	21:00	Polen : Ecuador
10.06.	15:00	England : Paraguay
10.06.	18:00	Trinidad & Tobago : Schweden
10.06.	21:00	Argentinien : Elfenbeinküste
11.06.	15:00	Serbien/Montenegro : Niederlande
11.06.	18:00	Mexiko : Iran
11.06.	21:00	Angola : Portugal
12.06.	15:00	Australien : Japan
12.06.	18:00	USA : Tschechien
12.06.	21:00	Italien : Ghana
13.06.	15:00	Südkorea : Togo
13.06.	18:00	Frankreich : Schweiz
13.06.	21:00	Brasilien : Kroatien
14.06.	15:00	Spanien : Ukraine
14.06.	18:00	Tunesien : Saudi Arabien
14.06.	21:00	Deutschland : Polen
15.06.	15:00	Ecuador : Costa Rica
15.06.	18:00	England : Trinidad & Tobago
15.06.	21:00	Schweden : Paraguay
16.06.	15:00	Argentinien : Serbien/Montenegro
16.06.	18:00	Niederlande : Elfenbeinküste
16.06.	21:00	Mexiko : Angola
17.06.	15:00	Portugal : Iran
17.06.	18:00	Tschechien : Ghana
17.06.	21:00	Italien : USA
18.06.	15:00	Japan : Kroatien
18.06.	18:00	Brasilien : Australien
18.06.	21:00	Frankreich : Südkorea
19.06.	15:00	Togo : Schweiz
19.06.	18:00	Saudi Arabien : Ukraine
19.06.	21:00	Spanien : Tunesien
20.06.	16:00	Costa Rica : Polen
20.06.	16:00	Ecuador : Deutschland
20.06.	21:00	Paraguay : Trinidad & Tobago
20.06.	21:00	Schweden : England
21.06.	16:00	Iran : Angola
21.06.	16:00	Portugal : Mexiko
21.06.	21:00	Elfenbeinküste : Serbien/Montenegro
21.06.	21:00	Niederlande : Argentinien
22.06.	16:00	Ghana : USA
22.06.	16:00	Tschechien : Italien
22.06.	21:00	Kroatien : Australien
22.06.	21:00	Japan : Brasilien
23.06.	16:00	Ukraine : Tunesien
23.06.	16:00	Saudi Arabien : Spanien
23.06.	21:00	Schweiz : Südkorea
23.06.	21:00	Togo : Frankreich

Achtelfinale

1. 24.06.06 17:00 1. Gruppe A : 2. Gruppe B
2. 24.06.06 21:00 1. Gruppe C : 2. Gruppe D
3. 25.06.06 17:00 1. Gruppe B : 2. Gruppe A
4. 25.06.06 21:00 1. Gruppe D : 2. Gruppe C
5. 26.06.06 17:00 1. Gruppe E : 2. Gruppe F
6. 26.06.06 21:00 1. Gruppe G : 2. Gruppe H
7. 27.06.06 17:00 1. Gruppe F : 2. Gruppe E
8. 27.06.06 21:00 1. Gruppe H : 2. Gruppe G

Viertelfinale

A. 30.06.06 17:00 Sieger AF 1 : Sieger AF 2
B. 30.06.06 21:00 Sieger AF 5 : Sieger AF 6
C. 01.07.06 17:00 Sieger AF 3 : Sieger AF 4
D. 01.07.06 21:00 Sieger AF 7 : Sieger AF 8

Halbfinale

HF I. 04.07.06 21:00 Sieger VF A : Sieger VF B
HF II. 05.07.06 21:00 Sieger VF C : Sieger VF D

Spiel um Platz 3

08.07.06 21:00 Verlierer HF I : Verlierer HF II

Finale

09.07.06 20:00 Sieger HF I : Sieger HF II

Vorrunde Gruppe A

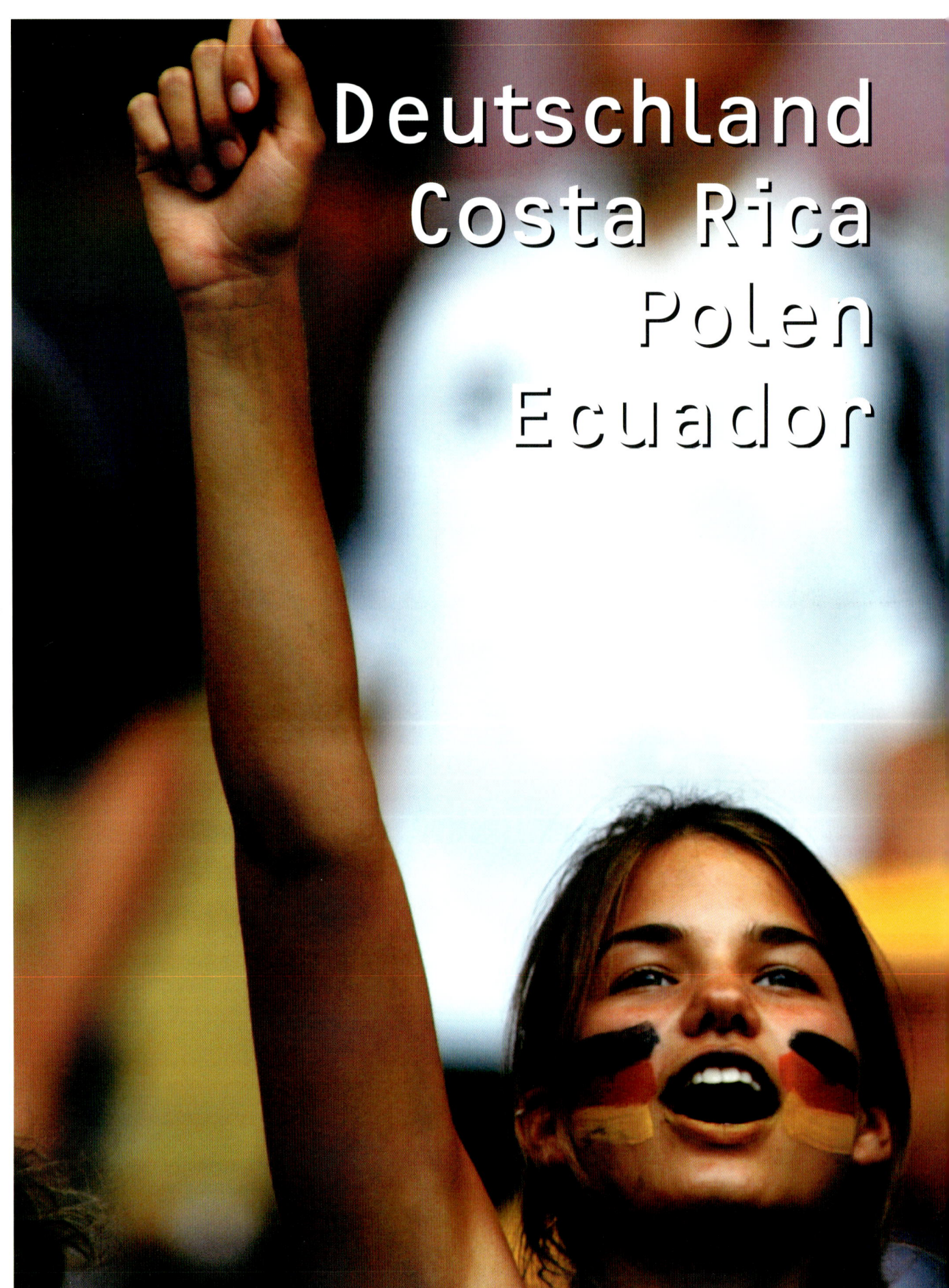

Deutschland
Costa Rica
Polen
Ecuador

Deutschland:Costa Rica

Schweinshaxe mit Rice & Beans

4 kleine Haxen (ca. 2,5 kg)
Salz
Frisch gemahlener Pfeffer
Paprikapulver
2 Zwiebeln
1 rote Paprikaschote
1 grüne Paprikaschote
1 Bund Koriander
3 EL Öl
1 Dose Kokosmilch (400 ml)
250 ml Gemüsebrühe
250 g gekochter Reis
Je 250 g gekochte rote und schwarze Bohnen

Haxen waschen und mit Salz, Pfeffer und Paprikapulver einreiben.

Den Römertopf nach Anweisung des Herstellers wässern und die Haxen mit der Schwarte nach oben hineinlegen. Im vorgeheizten Backofen (E-Herd: 200 °C; Umluft: 180 °C) zugedeckt ca. 2 Std. braten.

Nach 1,5 Std. Zwiebeln schälen und hacken. Paprikaschoten putzen, waschen und in Stücke schneiden. Koriander hacken. Öl in einem Topf erhitzen, Zwiebeln darin andünsten. Paprika zugeben und ca. 10 Min. dünsten. Kokosmilch und Brühe zugießen. Reis, rote und schwarze Bohnen zugeben. Unter Rühren erhitzen. Mit Salz, Pfeffer und Koriander abschmecken. Warm halten.

Die Haxen herausnehmen, auf ein Backblech legen und ca. 15 Min. übergrillen, bis die Schwarte schön kross ist.

Dazu Reis-Bohnen-Gemüse servieren.

„In unserem Land kommt der Fußball an erster Stelle, auf dem zweiten Platz folgt Fußball, auf Rang drei Fußball", proklamierte „La Nacion", die größte Tageszeitung Costa Ricas, als die heimische Elf sich 1990 das erste Mal für eine Fußballweltmeisterschaft qualifizierte. Nach 2002 sind die „Ticos" nun zum dritten Mal dabei und auch Fußballfan, Friedensnobelpreisträger und Präsident Dr. Oscar Arias Sanchez wird wie fast alle seiner Landsleute in den Nächten nach Siegen des Teams um Bryan Ruiz (Foto links) keine Lust haben, zu schlafen.

Polen:Ecuador

1894 fand das erste Fußballspiel in Polen statt: ein veritabler Quickie. Die Regeln wurden sehr frei aus dem Englischen übersetzt und man glaubte, nach dem ersten Tor sei alles vorbei. Das fiel nach sieben Minuten und die Zuschauer trotteten enttäuscht von dannen. Dabei wissen die Polen, wie man den Gegner in 90 Minuten schwindelig spielt: Sie wurden 1974 und 1982 WM-Dritter. Auf dem Bild ist die aktuelle polnische Equipe zu sehen.

Kabanosy auf Ananas-Sauerkraut

Ananas putzen, waschen und klein schneiden. Zwiebeln schälen und hacken. Paprikaschoten putzen, waschen und in Streifen schneiden. Sauerkraut gut ausdrücken.

Schmalz in einem gusseisernen Topf erhitzen. Zwiebeln darin andünsten. Paprika, Sauerkraut, Ananas und Lorbeer zugeben. Brühe zugießen. Im vorgeheizten Backofen (E-Herd: 200 °C; Umluft: 180 °C) ca. 30 Min. zugedeckt schmoren.

Kabanosy in Scheiben schneiden und darunter mischen. Weitere 15 Min. garen.

Dazu schmecken Salzkartoffeln.

1 Miniananas oder 1 kleine Dose Ananas (260 g Abtropfgewicht)
3 Zwiebeln
2 rote Paprikaschoten
500 g Sauerkraut
40 g Schweineschmalz
2 Lorbeerblätter
500 ml Rinderbrühe
2 Kabanosy

Vorrunde Gruppe A • 09.06.06 • 21:00 Uhr • 13

Deutschland:Polen

Gratinierter weißer und grüner Spargel mit Pilz-Sahne

Weißen Spargel schälen. Grünen Spargel putzen und waschen. Im kochenden Salzwasser ca. 10 Min. vorgaren.

Pilze mit Küchenpapier trocken putzen und eventuell waschen. Schalotten schälen und hacken. Schnittlauch in Röllchen schneiden. Öl in einer Pfanne erhitzen. Schalotten darin anbraten. Dann die Pilze zugeben und ca. 10 Min. unter Rühren dünsten. Sahne zugießen und mit Salz und Pfeffer abschmecken, danach den Schnittlauch untermischen.

Gut abgetropften Spargel in eine flache, gefettete Form geben. Pilze darüber verteilen und mit Parmesan bestreuen. Im vorgeheizten Backofen (E-Herd: 225 °C; Umluft: 200 °C) ca. 15 Min. gratinieren.

1 kg weißen Spargel
1 kg grünen Spargel
Salz
1 kg gemischte Pilze (z.B.: Austernpilze, Pfifferlinge, Champignons, Steinpilze)
2 Schalotten
1 Bund Schnittlauch
3 EL Öl
150 g Sahne
Frisch gemahlener Pfeffer
30 g geriebener Parmesan
Fett für die Form

Frankfurter Waldstadion, 3. Juli 1974, entscheidendes Spiel der zweiten WM-Finalrunde. Die Partie ist als Wasserschlacht in die WM-Annalen eingegangen. Das Spielfeld steht unter Wasser, angepfiffen wird trotzdem, denn Weltmeisterschaftsbegegnungen sind unaufschiebbar. Uli Hoeneß verschießt einen Elfer, Sepp Maier wird mit seinen Paraden zur Legende und Gerd Müller macht das, was er am besten kann: Er tut ihn rein (Foto rechts). Deutschland gewinnt 1:0.

Vorrunde Gruppe A • 14.06.06 • 21:00 Uhr

Ecuador:Costa Rica

(Für eine Obstbodenform mit 26 cm Durchmesser)

Für den Teig:
250 g Mehl
1 Päckchen Vanillezucker
1 Eigelb
1 Prise Salz
125 g kalte Butter
Hülsenfrüchte zum Blindbacken
Fett für die Form
Für die Füllung:
5 Eigelbe
3 Eiweiße
1 EL Speisestärke
5 EL Sahne
100 g Puderzucker
150 g Ananasfruchtfleisch
Für die Baiserhaube:
3 Eiweiße
100 g Puderzucker
50 g fein gehacktes Ananasfruchtfleisch

Ananas-Baiser-Kuchen

Die Teigzutaten mit der kalten Butter rasch verkneten, zu einer Kugel formen, in Folie wickeln und 1 Std. in den Kühlschrank geben. Den Teig ausrollen und in die gefettete Form geben, dabei einen Rand hochziehen. Backpapier auf den Teig legen und die Hülsenfrüchte auf den Boden streuen. Im Backofen bei 200 °C 10 Min. vorbacken. Hülsenfrüchte und Papier entfernen und den Boden gut auskühlen lassen.

Für die Füllung die Eigelbe mit Stärke, Sahne und 50 g Puderzucker im Wasserbad schaumig schlagen. Ananasfruchtfleisch pürieren und untermischen. Die Eiweiße steif schlagen, den restlichen Puderzucker dazuschlagen. Eischnee vorsichtig unter die Ananascreme ziehen. Die Masse auf dem Tortenboden verteilen und bei 150 °C 25 Min. backen.

Für die Baiserhaube die Eiweiße sehr steif schlagen und den Puderzucker langsam dazuschlagen. Gehacktes Ananasfruchtfleisch vorsichtig unterheben. Die Masse mit einem Esslöffel auf der gebackenen Füllung dekorativ verstreichen und bei 250 °C kurz gratinieren, bis sich hellbraune Spitzen bilden. Auskühlen lassen und aus der Form nehmen.

Costa Rica:Polen

Heidelbeer-Kaffee-Kuchen

Mehl und Backpulver in einer Rührschüssel vermischen und Butter, Zucker und Eier zugeben und mit dem elektrischen Handrührgerät ca. 4 Min. rühren.

Kokosraspel, Espresso und Blaubeeren unterheben und den Teig in die gefettete Form füllen, glattstreichen und im vorgeheizten Backofen (180 °C; Mitte) ca. 35 - 40 Min. backen. Herausnehmen und in der Form noch 15 Min. stehen lassen, dann stürzen und abkühlen lassen. Mit Puderzucker bestäubt servieren.

(Für ca. 12 Stücke, 1 rechteckige Backform von ca. 1,5 l Inhalt)
200 g Mehl
1 TL Backpulver
200 g weiche Butter
200 g Zucker
3 - 4 Eier (200 g)
50 g Kokosraspel
3 EL starker Espresso
100 g Blaubeeren, geputzt
Puderzucker zum Bestäuben

Vorrunde Gruppe A • 20.06.06 • 16:00 Uhr • 17

Ecuador:Deutschland

Kirsch-Kokos-Kuchen

2 Gläser Kirschen (ca. 750 g)
250 g Butter
175 g Zucker
1 PK Vanillezucker
5 Eier
250 g Mehl
1 TL Backpulver
150 g Kokosraspel
Fett für die Form

Kirschen abtropfen lassen. Butter, Zucker und Vanillezucker schaumig rühren. Dann die Eier nach und nach unterrühren. Mehl und Backpulver mischen. Die Mehlmischung und 125 g Kokosraspeln unterrühren. In ein gefettetes Backblech füllen und glattstreichen. Kirschen darauf verteilen. Im vorgeheizten Backofen (E-Herd: 180 °C; Umluft: 160 °C) ca. 50 Min. backen.

Restliche Kokosraspel ohne Fett hellbraun rösten und über den Kuchen verteilen. Dazu geschlagene Sahne reichen.

Eine absolute Novität: Noch nie haben Ecuador (Foto links) und Deutschland ein Fußballländerspiel gegeneinander bestritten. Ecuador hat in der Qualifikation Argentinien und Brasilien besiegt. Allerdings gab es eine kleine topografische Besonderheit: Die Spiele wurden in 3.000 Metern Höhe ausgetragen. Mal schauen, wie den Ecuadorianern die Berliner Luft im knapp über dem Meeresspiegel gelegenen Olympiastadion bekommt.

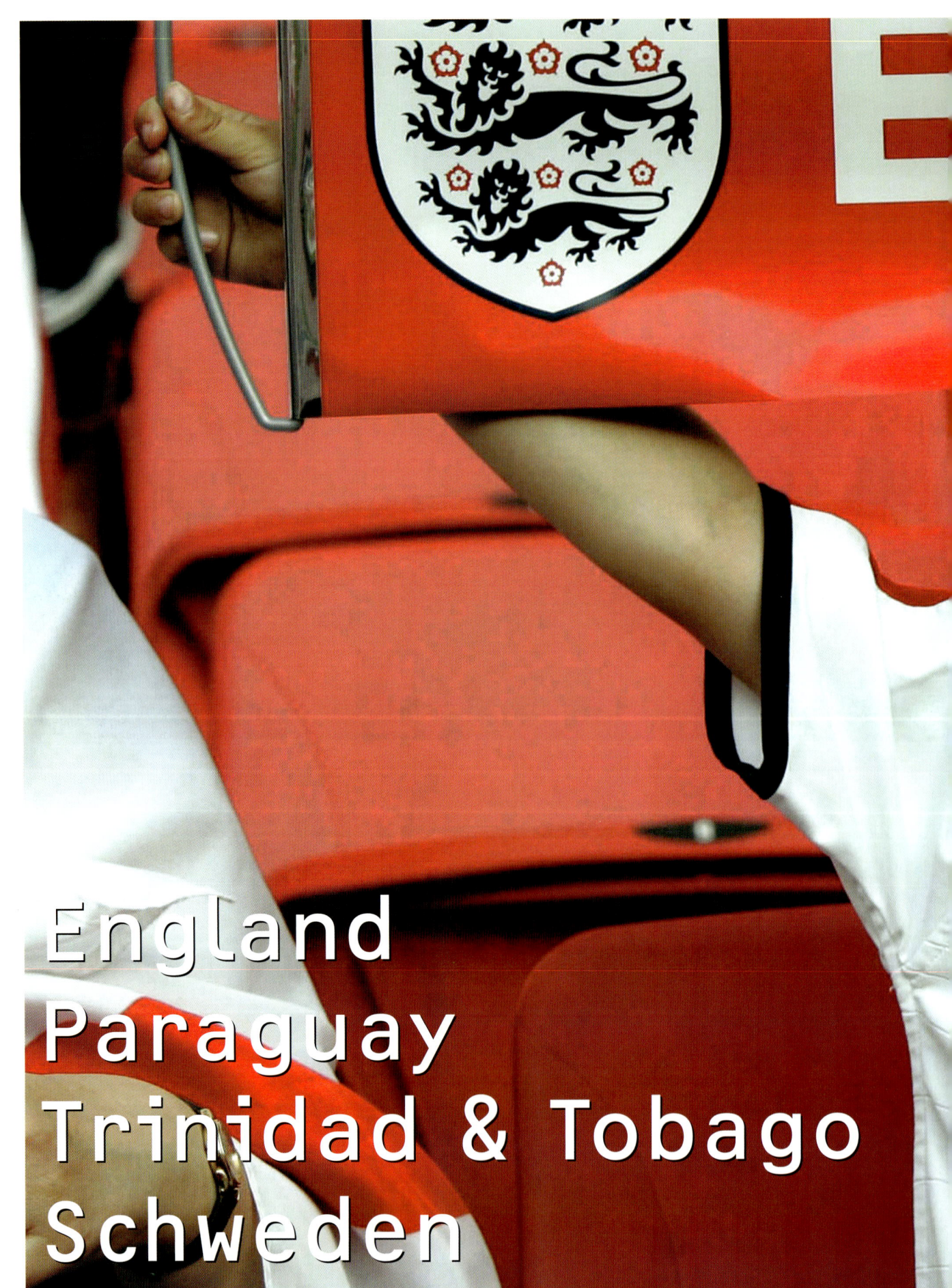

Vorrunde Gruppe B

England
Paraguay
Trinidad & Tobago
Schweden

England:Paraguay

Die schillerndste Figur im paraguayanischen Fußball ist und bleibt José Luis Chilavert (Foto links). Der Torhüter mit dem markanten, kurz geschorenen Schädel schoss acht Länderspieltore. Ihm gelang es, in einem Spiel erst einen Elfmeter zu halten und einen weiteren zu verwandeln. Heute ist der Star des Teams ein Stürmer: der rehäugige Roque Santa Cruz.

Mais-Käse-Pie

300 g TK-Blätterteig
1 Dose Mais
(285 g Abtropfgewicht)
100 g Cheddar
500 g Möhren
100 g Bacon
1 Bund Majoran
3 Eier
150 g Schmand
Salz
Frisch gemahlener Pfeffer
Fett für die Form

Blätterteig nach Packungsanweisung auftauen lassen.

Erst den Mais abtropfen lassen, dann den Käse raspeln. Möhren waschen, putzen und grob raspeln. Bacon in Streifen schneiden. Die Majoranblättchen hacken und mit den Eiern und dem Schmand verrühren. Mit Salz und Pfeffer würzen.

Blätterteig auf einer bemehlten Arbeitsfläche ausrollen. Springform oder kleine Förmchen einfetten und mit Blätterteig auslegen. Mais, Möhren und Käse darauf verteilen, Eierschmand darüber gießen. Baconstreifen auf das Gemüse-Schmand-Gemisch legen. Im vorgeheizten Backofen (E-Herd: 180 °C; Umluft: 160 °C) ca. 50 Min. backen.

Trinidad & Tobago : Schweden

Würziges Lachsfilet mit Ananas im Bananenblatt

600 g Lachsfilet (ohne Haut)
100 ml Teriyaki-Marinade (Asialaden)
Saft und abgeriebene Schale von 1 unbehandelten Limette
Pfeffer aus der Mühle
250 g Langkornreis
Salz
300 g Ananas (Dose)
3 rote Chilischoten
1/2 Bund Frühlingszwiebeln
2 Zimtstangen
2 Gewürznelken
Zum Garnieren:
1 grünes Salatblatt
Bananenblatt zum Anrichten (nach Belieben)

Lachsfilet waschen, trockentupfen, eventuell noch vorhandene Gräten mit einer Pinzette entfernen. Lachs in vier Portionsstücke schneiden und in eine Auflaufform legen. Teriyaki-Marinade mit 2 EL Limettensaft und Pfeffer verrühren, über den Fisch gießen und 20 Min. marinieren lassen.

Reis mit der doppelten Menge leicht gesalzenem Wasser in einem Topf aufkochen und zugedeckt bei schwacher Hitze in ca. 20 - 25 Min. ausquellen lassen. Ananas in Würfel schneiden. Chilischoten waschen, längs aufschneiden, entkernen und in Streifen schneiden. Frühlingszwiebeln waschen, putzen und das Weiße und Hellgrüne in ca. 5 cm lange Stücke schneiden. Zimtstangen in Stücke schneiden. Gewürznelken und die vorbereiteten Zutaten zum Lachs geben. Die Form mit Alufolie verschließen und den Lachs im vorgeheizten Backofen (220 °C, Mitte) ca. 15 Min. garen.

Zum Servieren Reis mit Lachs und den übrigen Zutaten auf einem Teller bzw. auf einem Stück Bananenblatt anrichten und mit feinen Streifen vom Salatblatt garnieren.

🏴󠁧󠁢󠁥󠁮󠁧󠁿 England:Trinidad & Tobago

Kedgeree mit Jakobsmuscheln

2 EL Öl
2 TL Kurkuma
1/2 TL Garam Masala
2 Zwiebeln
250 g Langkornreis
600 ml Fischfond
300 g ausgelöstes Jakobsmuschelfleisch
Salz, Pfeffer aus der Mühle
2 EL Rosinen
40 g flüssige Butter
2 EL Cashewkerne
Zitronensaft

Gewürze und Zwiebeln im Öl kurz anschwitzen, Reis zugeben und eine weitere Minute dünsten, dabei gut umrühren, damit die Reiskörner von den Gewürzen bedeckt sind. Fond zugießen, zum Kochen bringen und zugedeckt etwa 20 Min. köcheln lassen, bis der Reis die Flüssigkeit aufgenommen hat.
5 Min. vor Ende der Garzeit Rosinen und Jakobsmuscheln zufügen, abschmecken und fertig garen.

Vor dem Servieren die flüssige Butter und Cashewkerne unterrühren und bei mäßiger Hitze 1 - 2 Min. erhitzen. Mit Zitronensaft abschmecken.

Vorrunde Gruppe B • 15.06.06 • 18:00 Uhr

Schweden:Paraguay

Kabeljauauflauf mit Chilischoten und Zitrone

1 Zitrone
2 Knoblauchzehen
800 g Kabeljaufilet
3 EL Olivenöl
Salz, Pfeffer aus der Mühle
1 rote Chilischote
125 ml kräftiger Fischfond
3 Eier
1/2 Bund Dill

Zitrone waschen und in dünne Scheiben schneiden. Knoblauch schälen und in dünne Scheiben schneiden. Fisch in Portionsstücke teilen.

Eine Auflaufform fetten, die Fischfilets mit Zitronen- und Knoblauchscheiben hineinlegen, mit Olivenöl beträufeln, salzen, pfeffern und zugedeckt für 2 Std. in den Kühlschrank stellen.

Chilischote waschen, entkernen und mit dem Fischfond und den Eiern pürieren, mit Salz und Pfeffer kräftig abschmecken und über den Fisch gießen. Im vorgeheizten Backofen (180 °C) ca. 25 Min. backen.

Zum Servieren mit Dillspitzen bestreuen. Dazu passt Baguette oder Reis.

 Paraguay:Trinidad & Tobago

Bohnen mit Fleisch & Spiegelei

250 g schwarze Bohnen
500 g Rindfleisch zum Schmoren (Keule, Hüfte)
Salz
1 TL schwarze Pfefferkörner
2 Gewürznelken
1 Lorbeerblatt
4 Knoblauchzehen
100 g durchwachsener Räucherspeck
1 Zwiebel
5 EL Butterschmalz
Pfeffer aus der Mühle
1/4 TL Chilipulver
1/4 TL gemahlener Koriander
250 g Langkornreis
1 große Kochbanane
4 EL Butter
4 Eier

Bohnen über Nacht in kaltem Wasser einweichen. Das Fleisch in große Stücke schneiden, dabei Fett und Sehnen entfernen. In einen backofenfesten Topf geben, mit Wasser bedecken, Salz, Pfefferkörner, Nelken und Lorbeerblatt dazugeben, aufkochen und zugedeckt in den vorgeheizten Backofen (150 °C) schieben und ca. 2 Std. garen lassen. Nach 1 Std. Fleisch-Garzeit die Bohnen abgießen und mit ca. 600 ml frischem Wasser aufsetzen.

2 Knoblauchzehen schälen, grob hacken, mit dem Speck zu den Bohnen geben. Zugedeckt ca. 1,5 Std. bei schwacher Hitze garen, bis die Bohnen gar sind. Bei Bedarf Wasser nachgießen, zum Schluss salzen.

Das Fleisch aus der Brühe heben und etwas abkühlen lassen. Mit zwei Gabeln zerrupfen. Zwiebel und restlichen Knoblauch schälen, fein würfeln und in heißem Butterschmalz glasig schwitzen. Das zerrupfte Fleisch dazugeben, mit Salz, Pfeffer, Chilipulver und Koriander würzen und unter Rühren ca. 10 Min. braten, bis es leicht gebräunt und knusprig ist. Beiseite stellen.

Reis mit 500 ml Salzwasser aufkochen und zugedeckt bei schwacher Hitze in ca. 20 Min. garen.

Die Kochbanane schälen, in Scheiben schneiden und in heißer Butter in einer großen Pfanne in ca. 7 Min. rundherum hellbraun braten. Nach dem Wenden die Eier daneben als Spiegeleier braten. Währenddessen das Fleisch nochmals erhitzen. Zum Servieren Bohnen, Reis, Fleisch und Bananen auf Teller verteilen und die Spiegeleier darauf anrichten.

Vorrunde Gruppe B • 20.06.06 • 21:00 Uhr

Schweden:England

Hecht auf Gemüsebett mit Mint-Lemon-Sauce

Möhren, Lauch und Sellerie putzen, waschen und in Streifen schneiden. Hecht innen und außen waschen und trocken tupfen. Mit Salz und Pfeffer würzen. Zitrone waschen, in Scheiben schneiden und in die Bauchöffnung des Fisches setzen.

Gemüsestreifen auf ein ausreichend großes Stück Alufolie verteilen. Fisch darauf legen. Weißwein darüber gießen und die Folie gut verschließen. Im vorgeheizten Backofen (E-Herd: 200 °C; Umluft: 180 °C) ca. 30 Min. backen.

Inzwischen Minze waschen und fein hacken. Die Butter in einem kleinen Topf erhitzen und dann Zitronensaft unterrühren. Sahne zugießen und aufkochen. Zum Schluss Soßenbinder einstreuen und die Minze untermischen. Den Fisch mit der Sauce servieren.

250 g Möhren
2 Stangen Lauch
250 g Sellerie
1 küchenfertiger Hecht (ca. 1 kg)
Salz
Frisch gemahlener Pfeffer
1 Zitrone
125 ml Weißwein
1 Bund Minze
40 g Butter
2 EL Zitronensaft
100 g Sahne
1 TL Soßenbinder
Alufolie

Alter Schwede! Ausgerechnet die Spieler aus dem Geburtsland des Fußballs werden von einem Mann aus dem Land der Elche trainiert. Andererseits konnte England seit 38 Jahren nicht mehr gegen ein schwedisches Team gewinnen. Wenn ausgerechnet der Coach der Briten, Sven Göran Eriksson (im Bild ganz rechts), mit Beckham & Co diese Serie knackt, wird der Ikea-Umsatz in Großbritannien garantiert rapide ansteigen.

Vorrunde Gruppe B • 20.06.06 • 21:00 Uhr

Vorrunde Gruppe C

Argentinien
Elfenbeinküste
Serbien/
Montenegro
Niederlande

 Argentinien : Elfenbeinküste

400 g rote Süßkartoffeln
2 Kochbananen
1 große Zwiebel
1 TL frisch gehackter Ingwer
2 rote Chilischoten
4 EL Öl
125 ml Gemüsebrühe
300 ml Kokosmilch (ungesüßt, Dose)
Ausgeschabtes Mark von 2 Vanilleschoten
2 EL Currypulver
Salz
2 TL Rohrzucker
1 TL Zimtpulver
20 ml Rum
100 g geriebener Gruyère
Fett für die Form

Karibisches Süßkartoffelgratin mit Kochbananen

Süßkartoffeln waschen, schälen und würfeln. Bananen schälen und in dickere Scheiben schneiden, Zwiebel schälen und fein hacken. Chilischoten längs halbieren, entkernen, waschen und in feine Streifen schneiden.

In einem Topf das Öl erhitzen und die Zwiebeln, Chilis und den Ingwer darin andünsten. Die Bananenscheiben hinzufügen und etwa 6 Min. braten, dabei einmal wenden. Brühe und Kokosmilch angießen, alles zugedeckt 10 Min. bei schwacher Hitze garen. Das Vanillemark in die Sauce rühren, die Süßkartoffelstücke dazugeben, mit Curry, Salz, Zucker, Zimt und Rum würzen und alles weitere 10 Min. garen.

Zwei Drittel vom Käse unter das Bananen-Kartoffel-Gemüse mischen, das Gemüse in eine gefettete Auflaufform füllen. Mit dem restlichen Käse bestreuen und im vorgeheizten Backofen (200 °C) ca. 20 Min. überbacken.

 # Serbien/Montenegro:Niederlande

Gegrillter Hering mit Paprikaschoten

Heringe gründlich abspülen und trockentupfen. Salz, Pfeffer und Kreuzkümmel vermischen und die Fische damit innen und außen einreiben.

Knoblauch schälen und in Stifte schneiden. Zitronensaft mit dem Olivenöl vermischen. Die unbehandelte Zitrone waschen, in Scheiben schneiden und diese vierteln.

Kräuter, Knoblauch, Kreuzkümmelsamen und Zitronenstücke in und auf den Heringen verteilen, mit der Zitronen-Öl-Marinade beträufeln und ca. 1 Std. zugedeckt im Kühlschrank ziehen lassen, dabei mehrmals wenden.

Den Backofengrill anheizen. Tomaten und Spitzpaprikaschoten waschen und putzen. Die Heringe aus der Marinade nehmen und auf Alufolie unter dem Grill je nach Dicke von jeder Seite 5-7 Min. garen. Dabei das Gemüse am Rand mitgrillen.

8 grüne Heringe, küchenfertig
1 TL Salz
1 TL Pfeffer aus der Mühle
2 TL frisch gemahlener Kreuzkümmel
3 Knoblauchzehen
Saft von 1 Zitrone
3 EL Olivenöl
1 unbehandelte Zitrone
3 EL gehackte Petersilie
1 EL gehackte Minze
1 TL ganze Kreuzkümmelsamen
4 Tomaten
Je 4 milde und scharfe
Spitzpaprikaschoten

Argentinien : Serbien/Montenegro

Kürbiskuchen mit Slivowitz

(Für eine Springform mit 26-28 cm Durchmesser)

250 g Muskat-Kürbis
1 EL Zitronensaft
200 g Butter
180 g Zucker
1 Prise Salz
3 Eier
200 g Mehl
1 TL Backpulver
3 EL Slivowitz
1 EL Puderzucker
200 g Sahne
1 PK Vanillezucker
50 g Kokosraspel
Fett für die Form
Evtl. Kokoschips zum Verzieren

Kürbis schälen, waschen, raspeln und mit Zitronensaft vermischen.

Butter, Zucker und Salz schaumig rühren. Eier nach und nach dazugeben. Weiterrühren, bis die Masse hell ist. Mehl und Backpulver mischen, sieben und darunter heben. Kürbis und Slivowitz unter den Teig mischen. In die gefettete Form füllen. Im vorgeheizten Backofen auf unterster Einschubleiste (E-Herd: 180 °C; Gas: Umluft: 160 °C) ca. 50 Min. backen. Kuchen ca. 15 Min. ruhen lassen und danach auf einen Kuchenrost stürzen und erkalten lassen.

Mit Puderzucker bestäuben. Sahne und Vanillezucker steif schlagen. Kokosraspel unterheben. Kuchen mit Kokossahne servieren.

Nach Belieben mit Kokoschips verzieren.

Für Daniel Passarella, bei der WM 1998 argentinischer Trainer, war Fußball kein Ballett und die traditionell wehende Mähne von Stürmern wie Mario Kempes (Foto links) und Gabriel Batistuta ein Dorn im Auge. Ganz Fußballgeneral, verordnete er seinem Team einen militärischen Kurzhaarschnitt. Heute heißt der argentinische Trainer José Pekerman, kickende Weltstars wie David Beckham lassen sich gerne mal in Frauenkleidern ablichten und niemand hat mehr Angst vor langen Locken.

Niederlande: Elfenbeinküste

Gratinierte Maniokpuffer

Eier und Mehl verrühren. Maniok schälen, waschen, reiben und mit der Eiermasse vermischen. Mit Salz und Pfeffer abschmecken.

Petersilie waschen, hacken und unterrühren. Frühlingszwiebeln putzen, waschen und in Ringe schneiden. Tomaten putzen, waschen und in Scheiben schneiden. Käse raspeln. Butterschmalz in einer Pfanne erhitzen und jeden Puffer (2 EL Teig) darin ca. 10 Min. unter Wenden goldbraun backen.

Backblech mit Backpapier auslegen. Puffer auf das Backpapier setzen. Mit Tomaten, Frühlingszwiebeln, Käse und Petersilie belegen. Im vorgeheizten Backofen (E-Herd: 200 °C; Umluft: 180 °C) ca. 10 Min. gratinieren.

2 Eier
2 EL Mehl
1 kg Maniok, ersatzweise Kartoffeln
Salz
Frisch gemahlener Pfeffer
1 Bund Petersilie
1 Bund Frühlingszwiebeln
500 g Tomaten
200 g Käse (Prima Donna)
Butterschmalz zum Backen
Backpapier

Weltmeisterschaft 1974 in Deutschland. Die Niederländer ließen es sich zwischen den Spielen mehr als gut gehen. In ihrer Herberge in Münster-Hiltrup sollen wenig leistungssteigernde Poolpartys stattgefunden haben. Johann Cruyff (auf dem Bild im 74er Finale gegen Deutschland), so wissen Experten, musste seiner Gattin in einem langen nächtlichen Telefonat vor dem WM-Finale so einiges erklären. Man führe sie nicht in Versuchung: Ob das Hotel der Holländer 2006 wohl einen Pool hat?

Vorrunde Gruppe C • 16.06.06 • 18:00 Uhr

Elfenbeinküste : Serbien/Montenegro

Überbackenes Ananas-Hackgemüse

1 Ananas, ersatzweise 1 Dose Ananas (350 g Abtropfgewicht)
1 rote Paprikaschote
4 Tomaten
1 Stange Porree
250 g Kartoffeln
250 ml Gemüsebrühe
1 Bund Majoran
2 Knoblauchzehen
2 EL Öl
500 g Hackfleisch
Salz
Frisch gemahlener Pfeffer
Fett für die Form

Ananas putzen, schälen und längs vierteln. Den Strunk herausschneiden. Ananas in Stücke schneiden. Paprikaschote und die Tomaten putzen, waschen und ebenfalls in Stücke schneiden. Porree putzen, waschen und in Ringe zerkleinern. Dann die Kartoffeln waschen, schälen und in dünne Spalten schneiden.

Auflaufform einfetten. Die vorbereiteten Zutaten darin verteilen. Brühe zugießen. Im vorgeheizten Backofen (E-Herd: 200 °C; Umluft: 180 °C) ca. 40 Min. backen. Majoranblättchen abzupfen und hacken. Knoblauch schälen und durch die Presse drücken.

Öl in einer Pfanne erhitzen. Das Hackfleisch darin krümelig anbraten. Mit Salz, Pfeffer, Majoran und Knoblauch würzen. 10 Min. vor Ende der Garzeit Hackfleisch über dem Gemüse verteilen.

WM-Debütant Elfenbeinküste reist mit einem Superstar an: Didier Drogba (Foto oben). Der 28-Jährige stürmt für Chelsea und hat dort in der letzten Saison 10 Tore geschossen. In seiner Jugend pendelte der Mann mit den Bo-Derek-Zöpfchen zwischen seinem afrikanischen Elternhaus und seinem fußballverrückten Onkel in Frankreich hin und her. Der sah seinen Neffen lieber auf dem Platz statt auf der Schulbank, weshalb „Tito" als 13-Jähriger eine schulische Ehrenrunde drehen musste. Egal: Heute kickt er für Chelsea und verdient mehr, als es sich seine strebsamen Klassenkameraden von einst träumen lassen können.

Vorrunde Gruppe C • 21.06.06 • 21:00 Uhr

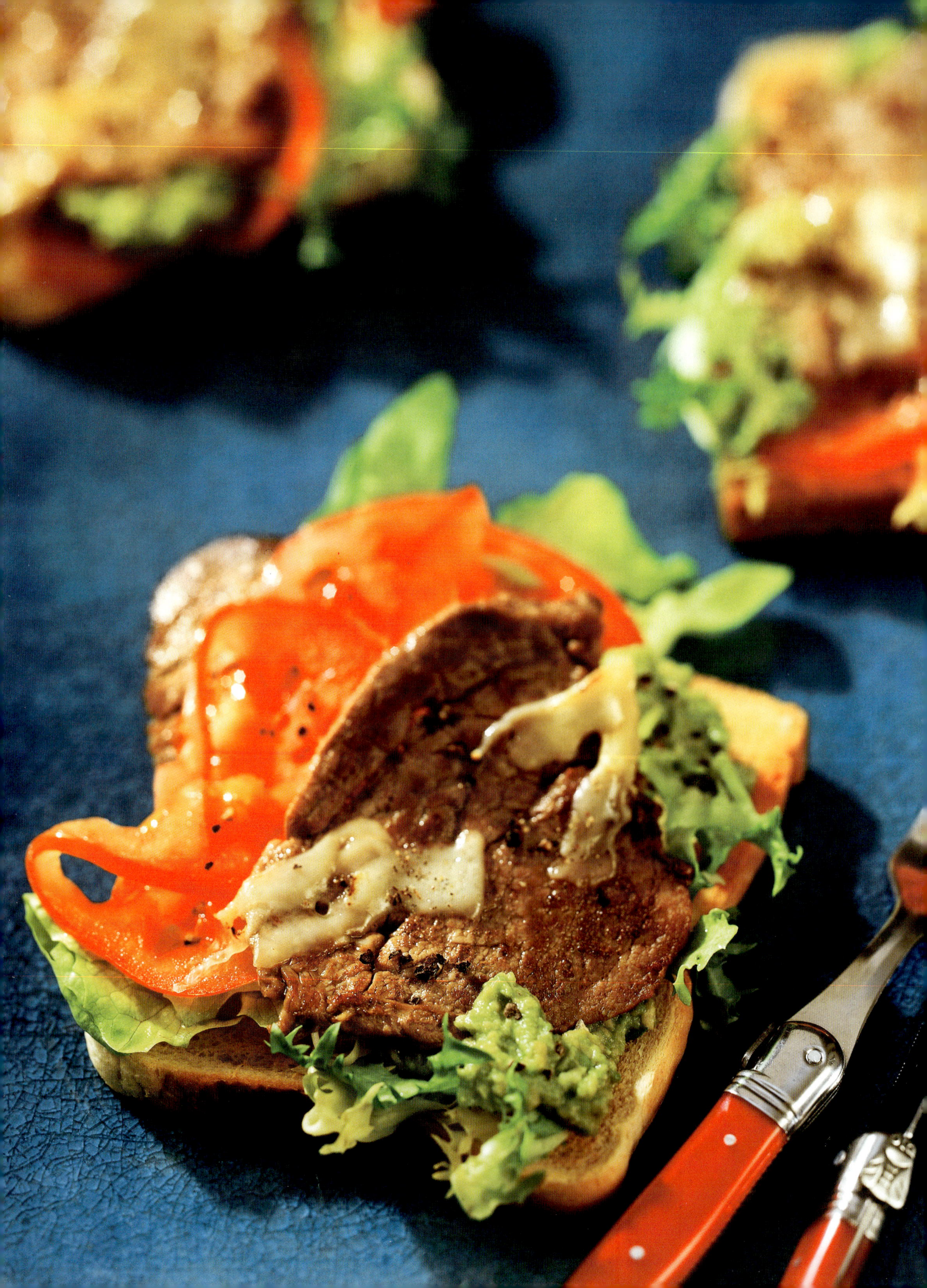

Niederlande:Argentinien

DER Klassiker der Vorrunde. Im WM-Finale 1978 (Bild links kurz vor dem Anpfiff der Begegnung) unterliegen die Holländer nach Verlängerung den Argentiniern. Dabei hatte Rob Rensenbrink in der 90. Minute noch den Pfosten getroffen und auch René van de Kerkhoff hatte seine schmerzlindernde Handmanschette, die er nach einer Verletzung in der Vorrunde trug, nach argentinischen Protesten abgelegt. Macht nichts: 20 Jahre später schoss der Niederländer Dennis Bergkamp die Argentinier in der 89. Spielminute mit einem Traumtor aus dem Turnier.

Filetsteak mit Avocadocreme auf Toast

Salat waschen und trockentupfen. Avocado halbieren, entkernen und mit einem Löffel auskratzen. Avocadofleisch mit einer Gabel zerdrücken und mit Limettensaft vermischen. Knoblauch schälen, durch die Presse drücken und unter die Avocadomasse mischen. Mit Salz und Pfeffer abschmecken. Tomaten putzen, waschen und in Scheiben schneiden.

Rinderfilet in ca. 16 dünne Scheiben schneiden. Mit Salz und Pfeffer würzen. Butterschmalz in einer Pfanne erhitzen. Fleisch darin kurz anbraten und herausnehmen.

Toastbrot toasten und mit Salat, Avocadocreme, Tomaten und Fleisch belegen. Käsescheiben darauf geben und im Backofen kurz grillen bis der Käse schmilzt.

4 Blätter Salat
1 reife Avocado
2 EL Limettensaft
1 Knoblauchzehe
Salz
Frisch gemahlener Pfeffer
2 Tomaten
400 g Rinderfilet
Butterschmalz zum Backen
4 Scheiben Toastbrot
4 Schelben Gouda

Vorrunde Gruppe C • 21.06.06 • 21:00 Uhr • 41

Vorrunde Gruppe D

Mexiko
Iran
Angola
Portugal

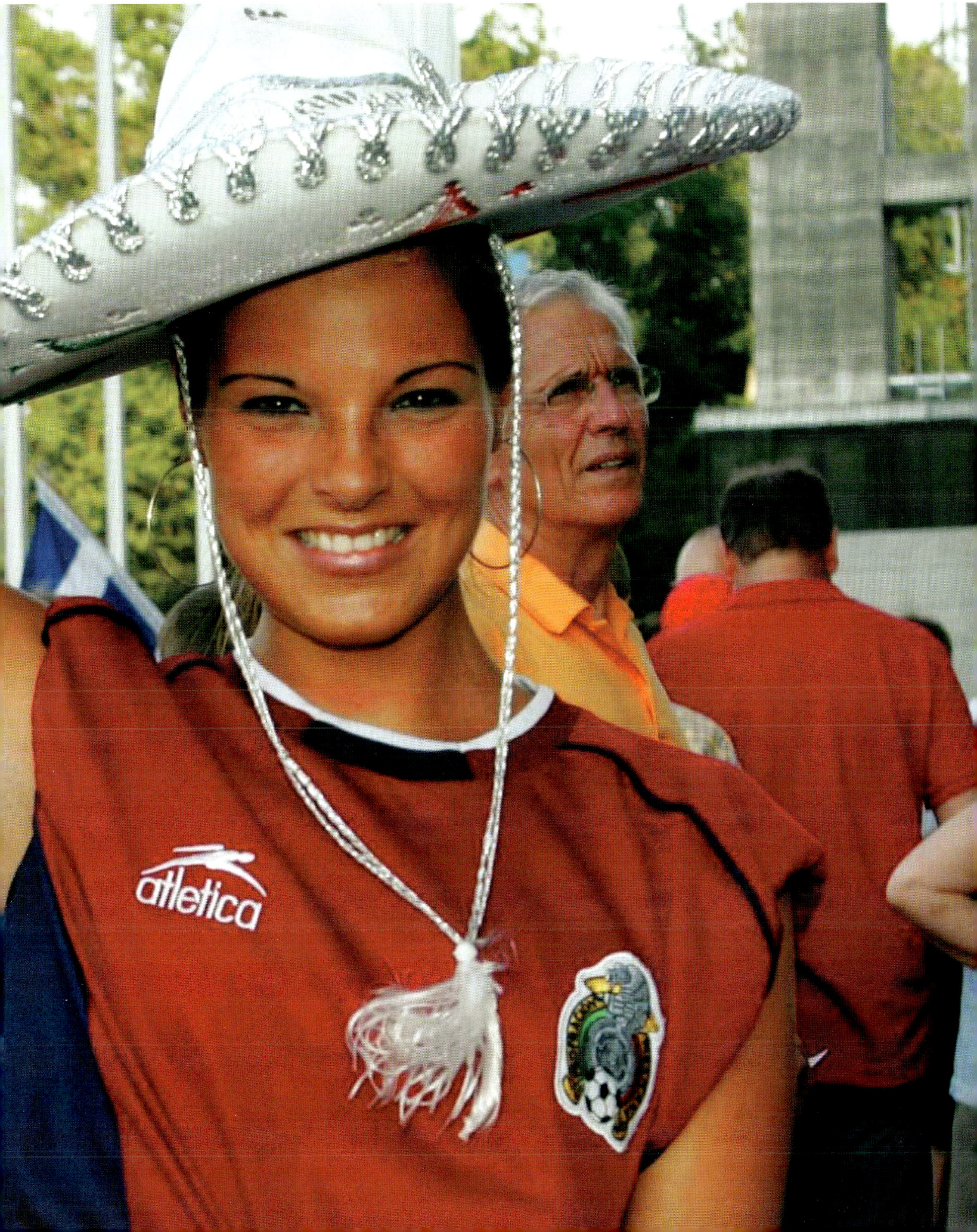
atletica

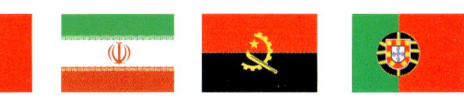

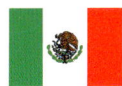

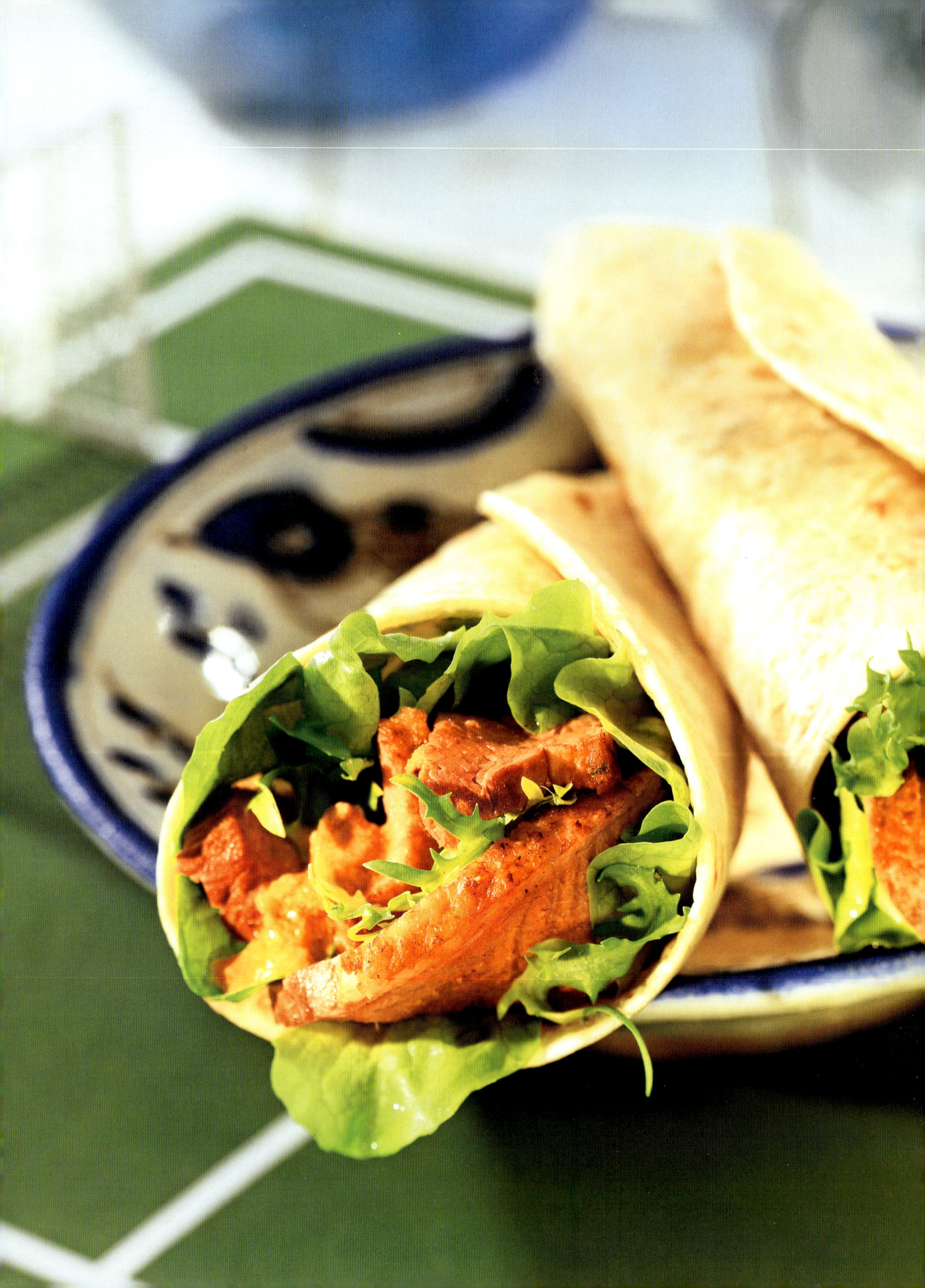

Mexiko:Iran

Fesenjan-Tortilla

Entenbrüste waschen, trockentupfen und die Haut kreuzweise einritzen. Mit Salz und Pfeffer würzen. 1 EL Öl in einer Pfanne erhitzen. Die Entenbrüste mit den Hautseiten nach unten kräftig anbraten und rundherum braun werden lassen.

Die Entenbrüste mit den Hautseiten nach oben in eine Auflaufform geben. Im vorgeheizten Backofen (E-Herd: 200 °C; Umluft: 180 °C) ca. 12 Min. weiter garen.

Zwiebeln schälen und fein hacken. 4 EL Öl in einem Topf erhitzen. Zwiebeln darin andünsten. Tomatenmark zugeben und mitdünsten. Walnüsse, Zitronensaft, Granatapfelsirup und Adwie unterrühren. Heißes Wasser zugießen, so dass eine dickliche Sauce ensteht. Safran unterrühren und die Sauce beiseite stellen.

Tortillafladen nach Packungsanweisung im Backofen aufwärmen.

Entenbrüste in Scheiben schneiden. Tortillafladen mit Salat, Entenbrustscheiben und Sauce belegen. Aufrollen und sofort servieren.

2 Entenbrüste (à ca. 200 g)
5 EL Öl
Salz
Frisch gemahlener Pfeffer
3 Zwiebeln
1 EL Tomatenmark
200 g gemahlene Walnusse
1 EL Zitronensaft
3 EL Granatapfelsirup
1 TL Adwie (persische Gewürzmischung), ersatzweise Kurkuma
1 Döschen Safran
1 PK Tortillafladen
8 Salatblätter

Dabeisein ist alles: Keine Elf verkörpert dieses Motto so überzeugend, wie die Equipe aus Mexiko. Zwölfmal haben die Mexikaner seit 1930 bereits an Weltmeisterschaften teilgenommen, einen Titel konnte das Team in den grünen Trikots allerdings noch nie erringen.

Doch vielleicht wird ja diesmal alles anders. Fest steht, dass das Team von Trainer Ricardo La Volpe sein WM-Quartier in Göttingen aufschlagen wird. Der Name des Hotels: „Freizeit In". Nun, hoffen wir, dass Superstar Jared Borgetti und Kollegen nicht zu früh in den Genuss von allzu viel freier Zeit kommen werden ...

Vorrunde Gruppe D • 11.06.06 • 18:00 Uhr

Angola:Portugal

Bacalao-Okra-Auflauf

600 g Bacalao (Stockfisch)
500 g Tomaten
2 Bund Frühlingszwiebeln
5 Knoblauchzehen
1 Bund Koriander
500 g Okra, ersatzweise grüne
Bohnen
4 EL Olivenöl
200 ml Weißwein
Salz
Frisch gemahlener Pfeffer

Stockfisch mindestens 24 Std. im Wasser einweichen. Zwischendurch das Wasser erneuern.

Tomaten waschen, putzen und in Spalten schneiden. Stockfisch in 3 x 3 cm große Würfel teilen. Frühlingszwiebeln putzen, waschen und in Stücke schneiden. Knoblauch schälen und in dünne Scheiben schneiden. Den Koriander ebenfalls hacken. Okra putzen, waschen und evtl. längs halbieren. Dann das Olivenöl in einer Pfanne erhitzen und den Knoblauch darin andünsten. Okra und Frühlingszwiebeln ca. 5 Min. mitdünsten. Die Tomaten und den Weißwein zugeben und aufkochen. Zum Schluss mit Salz und Pfeffer abschmecken. Koriander unterrühren.

Stockfisch in eine Auflaufform geben. Das Gemüse darüber verteilen. Im vorgeheizten Backofen (E-Herd: 200 °C; Umluft: 180 °C) ca. 30 Min. weiter garen.

Mexiko:Angola

Überbackener Bohneneintopf mit Paprika und Tortillachips

400 g schwarze Bohnen
500 g Tomaten
2 Zwiebeln
2 Knoblauchzehen
1 rote Paprikaschote
1 rote Chilischote
3 EL Öl
4 Salbeiblätter
1 Thymianzweig
Salz, Pfeffer aus der Mühle
4 EL frisch geriebenes Weißbrot
4 EL geriebener Gruyère
Tortillachips

Die Bohnen über Nacht in kaltem Wasser einweichen. Am nächsten Tag mit dem Einweichwasser zum Kochen bringen und ca. 1 Std. zugedeckt bei schwacher Hitze köcheln lassen.

Tomaten einige Sekunden mit kochendem Wasser überbrühen, häuten, vierteln und entkernen. Zwiebeln und Knoblauch schälen, Paprika- und Chilischote halbieren und entkernen. Alles in Würfel schneiden.

Öl in einem Schmortopf erhitzen und das Gemüse bis auf die Tomaten darin andünsten. Dann die Bohnen mit ca. 250 ml Kochwasser, die Tomaten und die Kräuter dazugeben. Salzen, pfeffern und zugedeckt im vorgeheizten Backofen (160 °C) ca. 50 Min. garen.

Mit Bröseln und Käse bestreuen und bei 225 °C überbacken, bis der Käse geschmolzen und goldbraun geworden ist.

Dazu Tortillachips reichen.

Vorrunde Gruppe D • 16.06.06 • 21:00 Uhr

Portugal:Iran

Gratiniertes Kabeljaufilet mit Spinat und Mandelblättchen

400 g frischer Blattspinat
1 Zwiebel
1 EL Olivenöl
Salz, Pfeffer aus der Mühle
4 Stücke Kabeljaufilet à ca. 160 g
2 EL Zitronensaft
150 g geriebener Gruyère
150 g Crème fraîche
4 EL Mandelblättchen

Spinat waschen, putzen und verlesen. Zwiebel schälen, fein würfeln und in heißem Öl in einer großen Pfanne glasig dünsten. Den Spinat tropfnass dazugeben, zusammenfallen lassen und ca. 5 Min. garen, alle Flüssigkeit sollte dabei verdampft sein; salzen und pfeffern.

Den Fisch mit Salz, Pfeffer und Zitronensaft würzen und in eine gefettete Auflaufform legen. Käse und Crème fraîche verrühren. Den Spinat auf dem Fisch verteilen. Die Crememischung darauf geben und mit Mandeln bestreuen. Im vorgeheizten Backofen (225 °C, Mitte) ca. 12-15 Min. überbacken.

Schmorhuhn mit Limetten auf Reis

Iran:Angola

Zwei Zwiebeln schälen, hacken, mit Senf, Limettensaft, den gehackten Chilis und dem Lorbeerblatt mit den Hühnerschenkeln mischen, salzen und pfeffern und zugedeckt über Nacht marinieren lassen (mindestens aber 2 Std.). Ab und zu wenden. Marinade aufbewahren.

Hühnerschenkel auf ein Backblech legen und im vorgeheizten Backofen (225 °C) ca. 25 Min. backen.

Restliche Zwiebeln schälen, in Ringe schneiden, im heißen Öl in einer Pfanne anbräunen lassen, Hühnerteile darauf legen, mit der Marinade ablöschen (evtl. zum Sud auch à la Julienne geschnittenes Gemüse geben). Sud mit der Brühe abschmecken und 30 Min. köcheln lassen.

Mit Basmati-Reis und Limettenscheiben anrichten und servieren.

5 Zwiebeln
1 EL Senf
3 EL Limettensaft
2 gehackte Chilischoten
(ohne Kerne)
1 Lorbeerblatt
4 Hühnerschenkel
Salz, Pfeffer aus der Mühle
4 EL Erdnussöl
1 EL gekörnte Brühe
1 Limette in Scheiben

Vorrunde Gruppe D • 21.06.06 • 16:00 Uhr

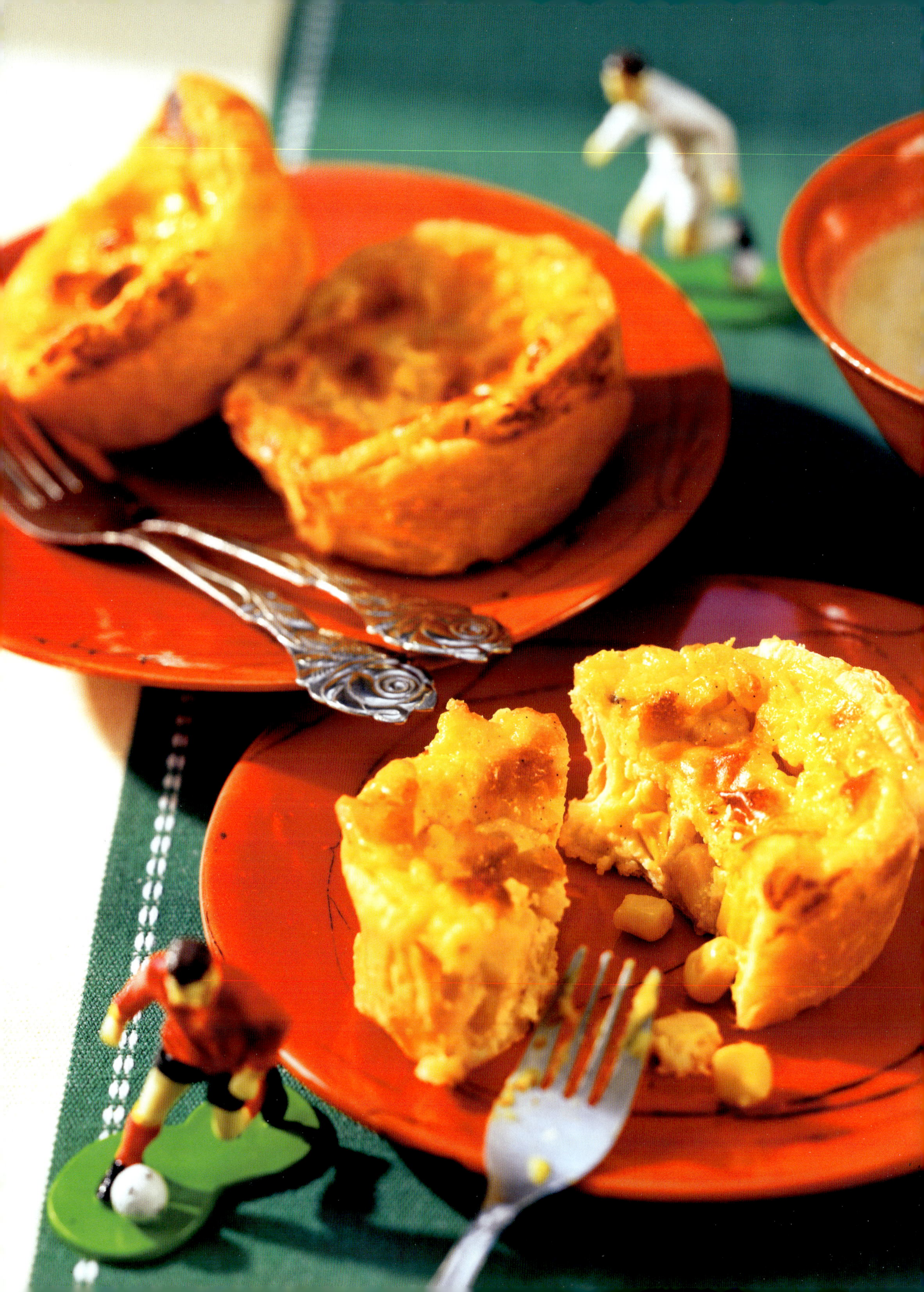

Portugal:Mexiko

Es gibt nur zwei Spieler, die es geschafft haben, an fünf Weltmeisterschaften teilzunehmen. Einer stammt aus Deutschland. Na? Es handelt sich selbstverständlich um Lothar Matthäus. Rekordhalter Nummer zwei ist Mexikaner: der Torhüter Antonio Carbajal. Seine letzte WM spielte er 1966 und genießt seither den Status eines Volkshelden in seinem Heimatland. Links: Oswaldo Sánchez, einer der drei Keeper im aktuellen Kader der mexikanischen Elf.

Pastel de nata mit Mais

Blätterteig nach Packungsanweisung auftauen lassen. Vanilleschote aufschneiden und das Mark herauskratzen. Mais abtropfen lassen. Eigelbe verrühren. In einem Topf Sahne, Vanillemark, Zucker, Zitronenschale und Eigelbe rühren. Bei niedriger Temperatur unter Rühren erhitzen. Kurz vor dem Siedepunkt das in Milch aufgelöste Mehl zugeben und weiter rühren, bis die Creme dickflüssig wird. Aufkochen und abkühlen lassen. Mais darunter mischen.

Blätterteig auf einer bemehlter Arbeitsfläche ausrollen. Muffinblech oder kleine Förmchen einfetten. Mit Blätterteig auslegen. Maispudding in die Förmchen füllen und im vorgeheizten Backofen (E-Herd: 200 °C; Umluft: 180 °C) ca. 25 Min. goldbraun backen.

(Für ein Muffinblech, 12 Stück)

1 Paket TK-Blätterteig (450 g)
1 Vanilleschote
1 Dose Mais (285 g Abtropfgewicht)
8 Eigelbe
500 g Sahne
150 g Zucker
1 TL Zitronenschale (unbehandelt)
2 EL Milch
1 EL Mehl
Fett für die Form

Vorrunde Gruppe D • 21.06.06 • 16:00 Uhr

Vorrunde Gruppe E

USA
Tschechien
Italien
Ghana

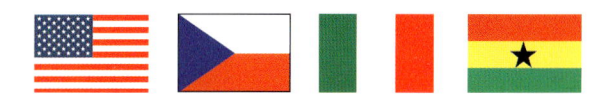

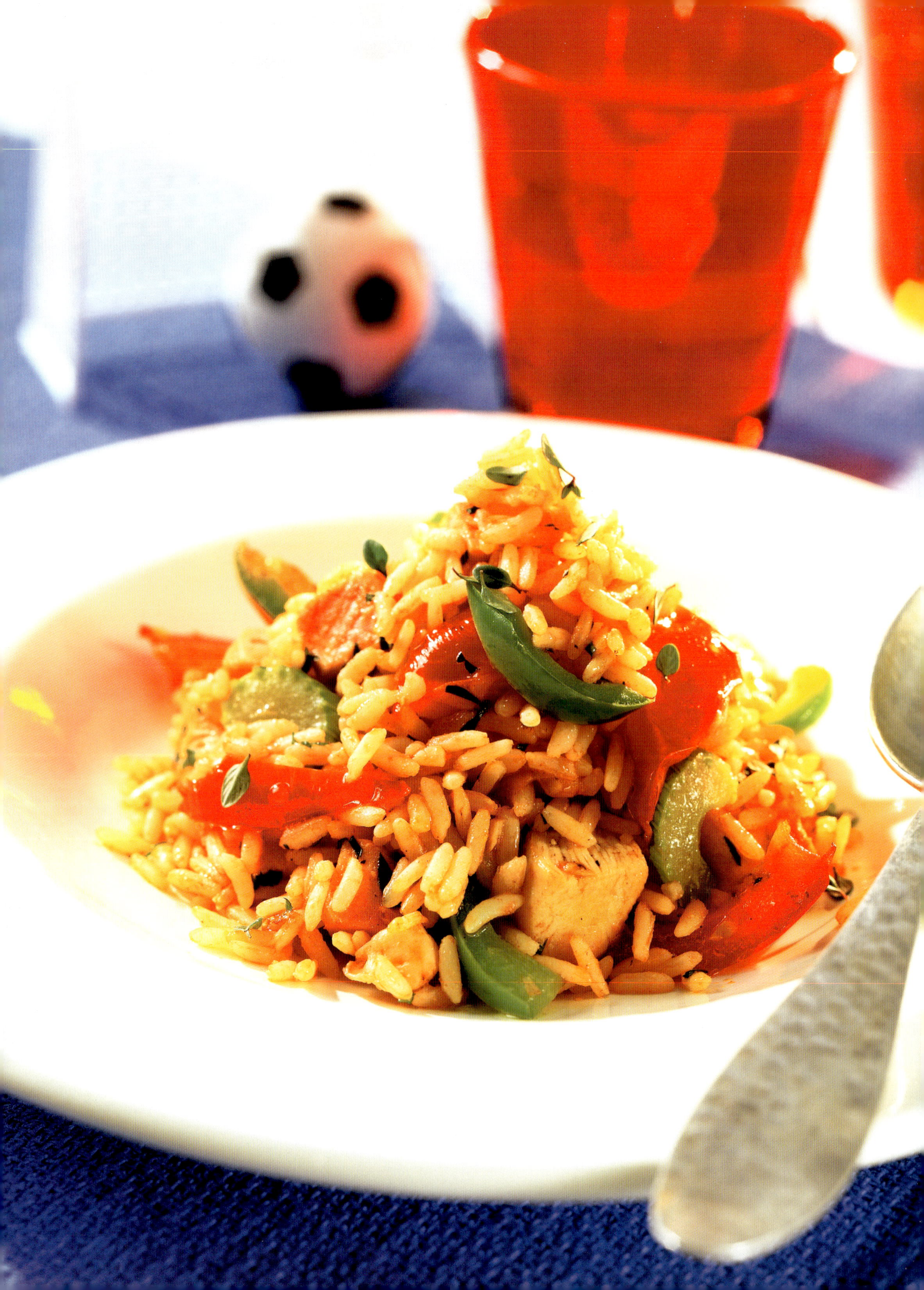

USA:Tschechien

Jambalaya
mit Prager Schinken

Zwiebeln und Knoblauch schälen und hacken. Paprikaschoten und Sellerie putzen, waschen und in Würfel bzw. Stücke teilen. Dann die Tomaten putzen, waschen und in Spalten schneiden. Anschließend die Petersilie und den Thymian waschen, trockenschütteln, die Blättchen abzupfen und hacken. Hähnchenbrustfilets waschen, trockentupfen und in 3 x 3 cm Würfel zerkleinern. Danach den Schinken in 2 x 2 cm Würfel schneiden.

Öl in einer Kasserolle erhitzen. Zwiebeln und Knoblauch darin anbraten, dann Hähnchenbrustfilets und Schinken zugeben und mitbraten. Gemüse zufügen. Mit Brühe ablöschen und mit Cayennepfeffer, Salz und Pfeffer kräftig abschmecken. Reis abspülen und untermischen.

Im vorgeheizten Backofen (E-Herd: 180 °C; Umluft: 160 °C) ca. 1 Std. zugedeckt garen.

2 Zwiebeln
3 Knoblauchzehen
2 grüne Paprikaschoten
5 Stangen Sellerie
500 g Tomaten
1 Bund Petersilie
1/2 Bund Thymian
600 g Hähnchenbrustfilets
500 g Prager Schinken
5 EL Olivenöl
600 ml Geflügelbrühe
Cayennepfeffer
Salz
Frisch gemahlener Pfeffer
300 g Langkornreis

Erinnert sich noch jemand an Gerd Müllers Hit „Dann macht es bumm" oder Radi Radenkovics' „Bisschen Glück in Liebe"? Nein? Schwamm drüber. Fußballer müssen schließlich den Ball beherrschen und nicht die Tonleiter. Ausnahme von der Regel: Der US-amerikanische Nationalspieler Alexej Lalas (rechts im Bild). Der Rotschopf veröffentlichte mit seiner Band mehrere Alben und trat mit seiner E-Gitarre u.a. mit Bryan Adams in der ruhmreichen Londoner Royal Albert Hall auf. Und kicken kann er auch: Bei der WM 1994 wurde er als bisher einziger US-Spieler in die Turnierauswahl gewählt.

Vorrunde Gruppe E • 12.06.06 • 18:00 Uhr • 55

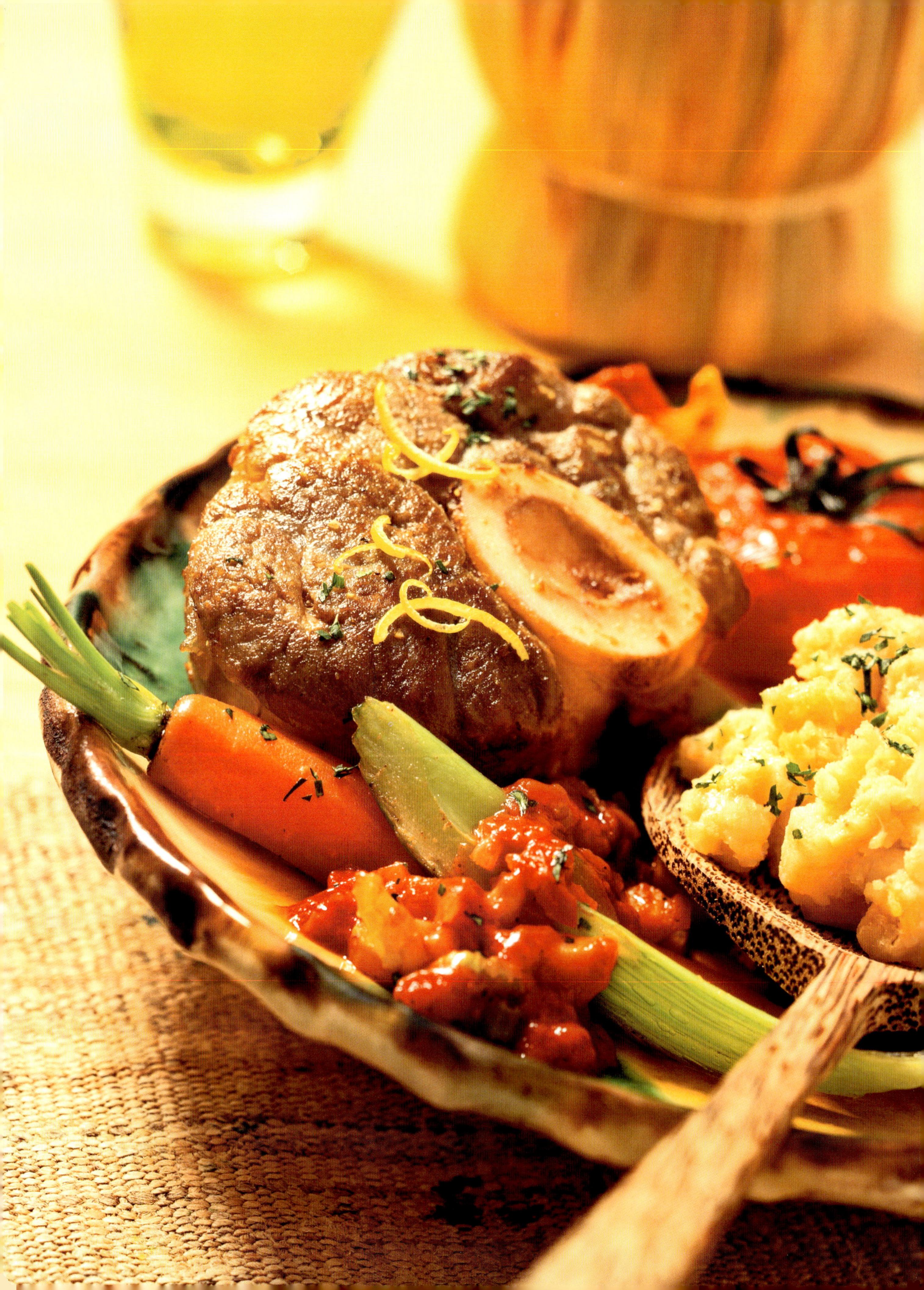

Italien:Ghana

Ossobuco mit FuFu

Für Ossobuco:
2 Möhren
2 Stangen Sellerie
2 Zwiebeln
3 Knoblauchzehen
4 dicke Scheiben Kalbshaxen
(ca. 1,2 kg)
Salz
Frisch gemahlener Pfeffer
4 EL Mehl
3 EL Olivenöl
30 g Butter
2 Zweige Thymian
2 Lorbeerblätter
1 EL Zitronenschale (unbehandelt)
200 ml Weißwein
200 ml Rinderbrühe
400 g Tomaten
1 EL Tomatenmark

Für den Knollenbrei:
500 g Maniok, ersatzweise Kartoffeln
500 g Kochbananen
Salz
2 EL Butter
1 Bund Petersilie

Möhren und Sellerie putzen, waschen und in kleine Würfel schneiden. Zwiebeln und Knoblauch schälen und fein hacken. Kalbshaxen waschen, trockentupfen, salzen, pfeffern und in Mehl wenden.

Öl und Butter im Schmortopf erhitzen. Kalbshaxen darin rundherum braun braten und herausnehmen. Zwiebeln, Knoblauch, Möhren und Sellerie in Bratfett dünsten. Anschließend Thymian, Lorbeerblätter und Zitronenschale hinzugeben und mit Wein und Brühe ablöschen.

Tomaten waschen, putzen, vierteln, entkernen und grob hacken. Mit dem Tomatenmark unter das Gemüse mischen. Kalbshaxen auf das Gemüse geben und zugedeckt im vorgeheizten Backofen (E-Herd: 180 °C; Umluft: 160 °C) ca. 1,5 Std. garen.

1/2 Stunde vor dem Garzeitende Maniok und Kochbananen schälen und in Wurfel schneiden. Im kochenden Salzwasser ca. 20 Min. garen. Wasser abgießen und die Knollen mit Butter zerstampfen oder pürieren. Petersilie waschen und die Blättchen hacken.

Kalbshaxen und Knollenbrei anrichten und mit Petersilie bestreuen.

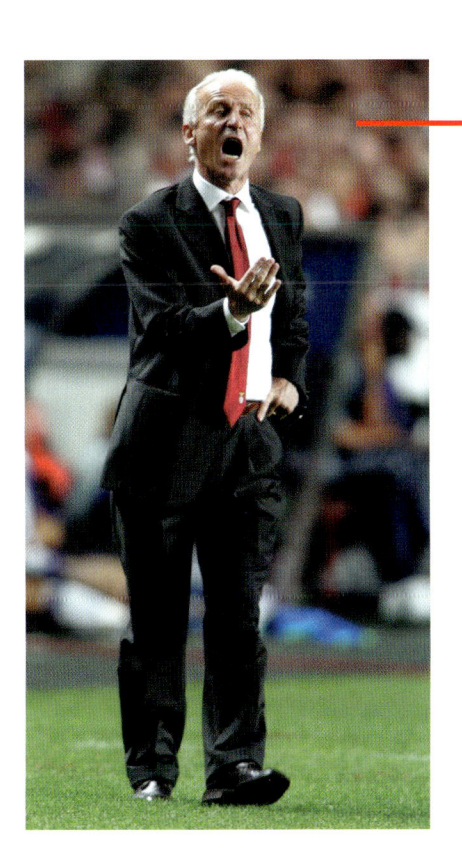

Nationaltrainer Giovanni Trappatoni hatte bei der letzten Weltmeisterschaft in Japan und Südkorea himmlischen Beistand. Seine Schwester, eine katholische Nonne, hatte ihm ein Fläschchen mit Weihwasser überreicht, das er während der Spiele brav umklammerte. Genützt hat es wenig, Italien flog ausgerechnet gegen Südkorea raus. 36 Jahre zuvor kickte Nordkorea die Squadra Azzurra aus dem Turnier.

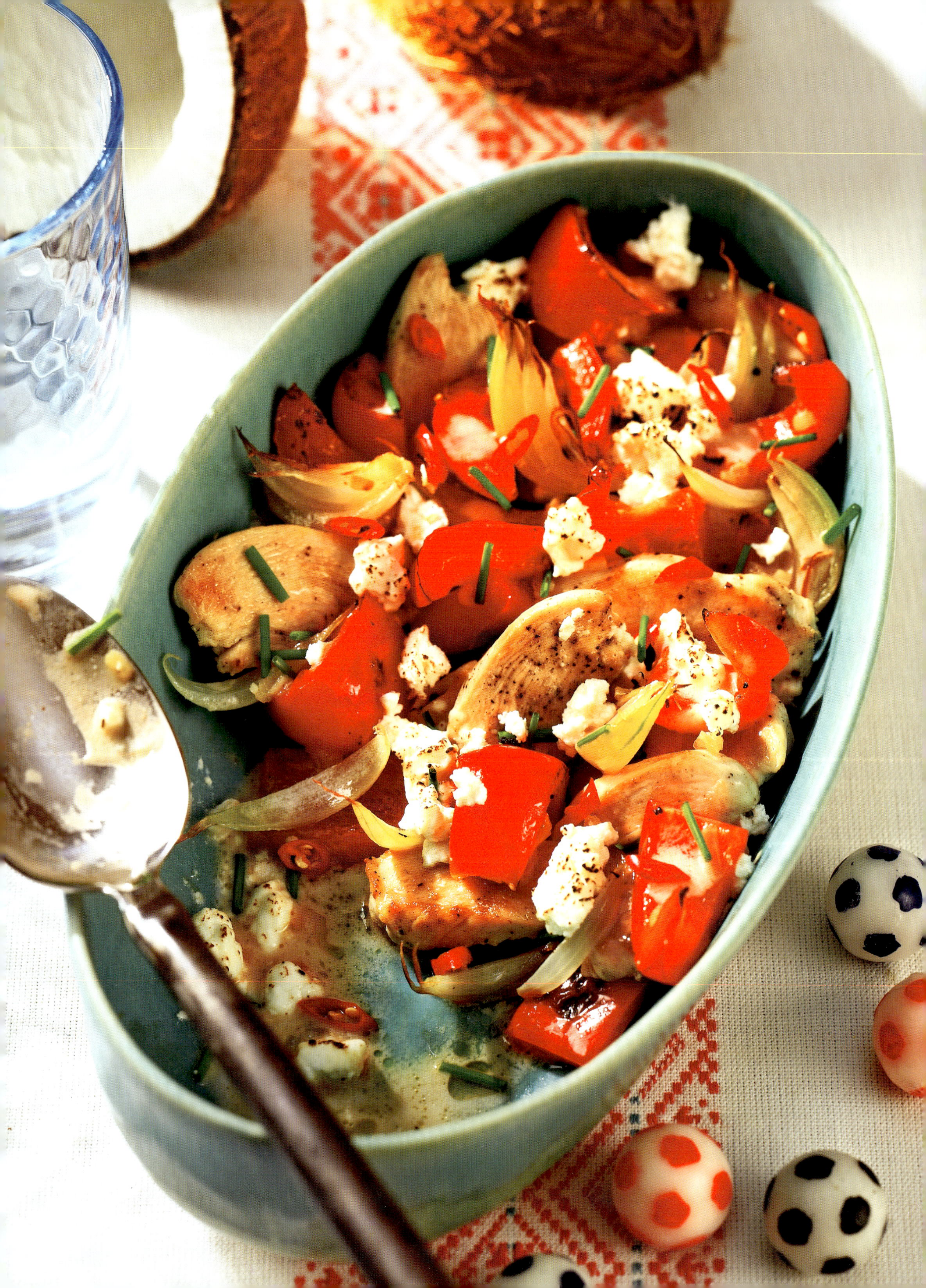

Tschechien:Ghana

Hähnchen-Kokos-Auflauf

2 Zwiebeln
2 Knoblauchzehen
1 Chilischote
2 rote Paprikaschoten
200 g Schafskäse
500 g Hähnchenbrustfilets
3 EL Öl
1 Dose Kokosmilch (400 ml)
Salz
Frisch gemahlener Pfeffer
1 Bund Schnittlauch

Zwiebeln und Knoblauch schälen und hacken. Chilischote waschen, längs halbieren, entkernen und fein hacken. Paprikaschoten putzen, waschen und in Würfel schneiden. Schafskäse grob zerbröseln. Hähnchenbrustfilets waschen, trockentupfen und in Scheiben schneiden.

Öl in einem Topf erhitzen. Zwiebeln und Knoblauch darin anbraten. Paprika und Hähnchenbrustfilets zugeben und mitbraten. Kokosmilch zugießen. Mit Salz, Pfeffer und Chili abschmecken.

Das Ganze in eine Auflaufform füllen und den Schafskäse darüber verteilen. Im vorgeheizten Backofen (E-Herd: 200 °C; Umluft: 180 °C) ca. 30 Min. backen.

Schnittlauch in Röllchen zerkleinern und darüber streuen.

Im ghanaischen Nationalteam, den Black Stars, spielte lange ein Bundesligist: Der in Bonn aufgewachsene Anthony Baffoe kickte u.a. beim 1. FC Köln. Legendär ist seine Replik auf eine gelbe Karte, die er in einem Liga-Einsatz erhielt: „Mann, wir Schwatten müssen doch zusammenhalten", grinste er den Schiedsrichter an. Der Sohn eines Diplomaten hat nicht nur Humor, sondern auch eine prominente Schwester: Liz Baffoe, die Mary aus der Lindenstraße. Entdeckt wurde Baffoe übrigens von Christoph Daum.

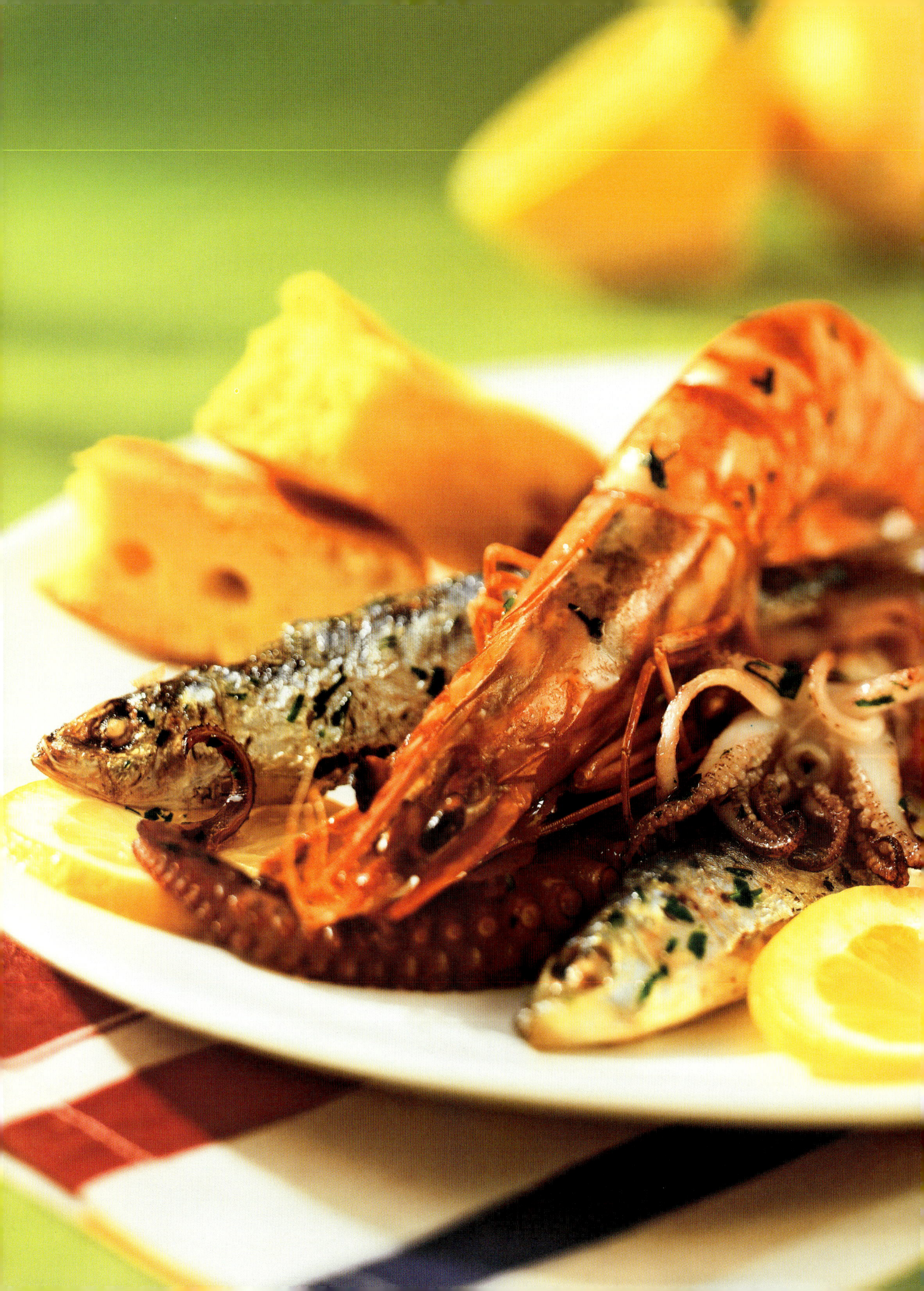

Italien:USA

Frutti di mare mit Maisbrot

Mehl, Maismehl, Backpulver und Salz vermischen. Dann Eier, Buttermilch und Öl glatt rühren und mit der Mehlmischung vermengen. In die gefettete Backform füllen und glatt streichen. Im vorgeheizten Backofen (E-Herd: 200 °C; Umluft: 180 °C) ca. 25 Min. backen.

Kraken waschen und ca. 40 Min. in kochendem Wasser köcheln. Tintenfische, Sardinen und Scampi gründlich waschen. Den Knoblauch schälen und durch die Presse drücken. Dann die Petersilie waschen und fein hacken. Eine Marinade aus Olivenöl, Zitronensaft, Knoblauch und Petersilie verrühren. Mit Salz und Pfeffer kräftig würzen.

Die Meeresfrüchte mit Marinade bestreichen und ca. 4-6 Min. bei 250 °C (E-Herd) bzw. 230 °C (Umluft) unter Wenden grillen. Mit Zitronenspalten und Maisbrot servieren.

Für das Maisbrot:
100 g Mehl
100 g feines Maismehl
1 TL Backpulver
1 TL Salz
2 Eier
200 ml Buttermilch
5 El Öl
Fett für die Form

Für gegrillte Meeresfrüchte:
300 g küchenfertige Kraken
500 g küchenfertige Tintenfische
500 g Sardinen
500 g TK-Scampi
2 Knoblauchzehen
1 Bund Petersilie
100 ml Olivenöl
4 EL Zitronensaft
Salz
Frisch gemahlener Pfeffer
1 Zitrone in Spalten

Italien ist das Land der Machos. Während der WM 1982 dichtete die italienische Presse Paolo Rossi (auf dem Foto vorn im blauen Trikot), genannt „Facio de Angelo" („Engelsgesicht"), ein Verhältnis mit seinem Mannschaftskollegen Antonio Cabrini an. Daraufhin beschloss die Squadra Azzurra einen Presseboykott. Pech für die erfindungsreiche Journaille: Italien besiegte Argentinien, Brasilien und Deutschland. Paolo Rossi wurde Torschützenkönig und Italien Weltmeister.

Ghana:USA

Bananenmuffins mit Haselnüssen und Puderzucker

(Für ein Muffinblech, 12 Stück)
2 Bananen
3 Eier
150 g Butter
150 g Zucker
50 g gehackte Haselnüsse
150 g Mehl
1/2 Päckchen Backpulver
12 ganze Haselnusskerne, halbiert
1 Muffinblech mit 12 Vertiefungen
Papierbackförmchen
Puderzucker

In die Vertiefungen eines Muffinblechs Papierbackförmchen hineinsetzen.

Die Bananen schälen und mit einer Gabel zerdrücken. Die Eier mit der Butter und dem Zucker verquirlen. Erst die Bananen, dann die Nüsse unterrühren, zuletzt das Mehl und das Backpulver nur kurz untermischen, bis die trockenen Zutaten feucht sind.

Den Teig in die Blechvertiefungen füllen und jeweils 2 Haselnusshälften daraufsetzen. Die Muffins im vorgeheizten Backofen (200 °C, Mitte) ca. 20 Min. backen.

Herausnehmen, noch ca. 5 Min. in der Form ruhen lassen, dann herausheben, auskühlen lassen und mit Puderzucker bestäuben.

Tschechien:Italien

350 g Penne
20 g Butter
1 Zwiebel
150 g magerer Schinkenspeck
in Scheiben
Salz, Pfeffer aus der Mühle
200 g Sahne
150 g geriebener Emmentaler
2 - 3 EL Semmelbrösel

Die Nudeln in reichlich Salzwasser bissfest garen, abgießen, abtropfen lassen. Zwiebel schälen, fein hacken, in der Butter glasig dünsten, Schinkenspeck fein schneiden, ebenfalls anbraten. Nudeln dazugeben, mit Salz und Pfeffer würzen. Dann eine Auflaufform einfetten, alles einfüllen. Sahne mit Salz und Pfeffer würzen und über die Nudeln gießen, mit Käse und Semmelbröseln bestreuen und im vorgeheizten Backofen (180 °C) ca. 15 Min. überbacken.

Überbackene Schinkennudeln

Vorrunde Gruppe E • 22.06.06 • 16:00 Uhr • 63

Vorrunde Gruppe F

Australien
Japan
Brasilien
Kroatien

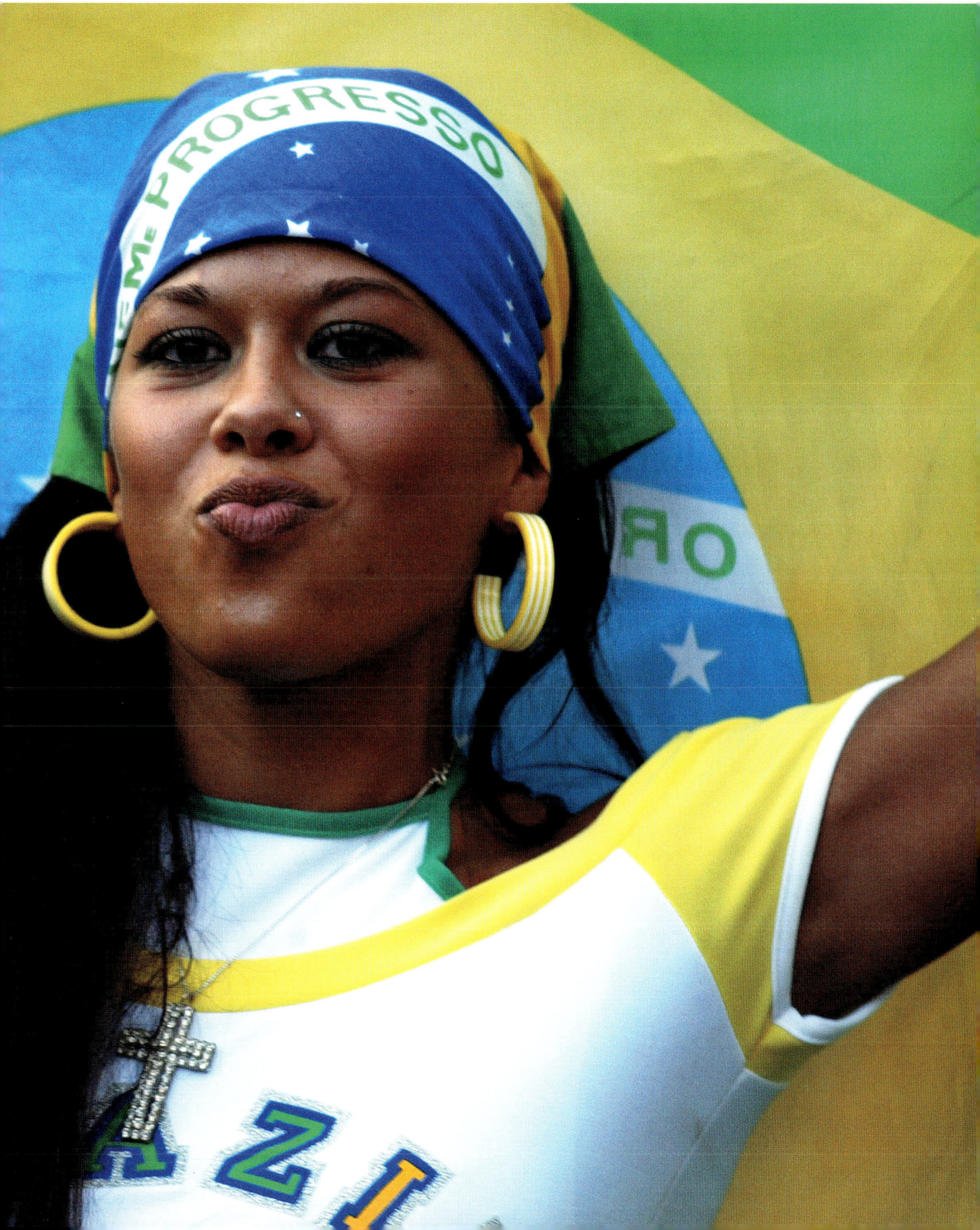
PROGRESSO

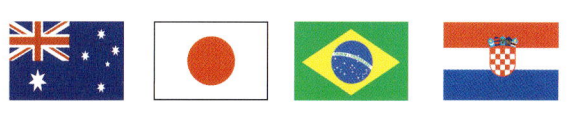

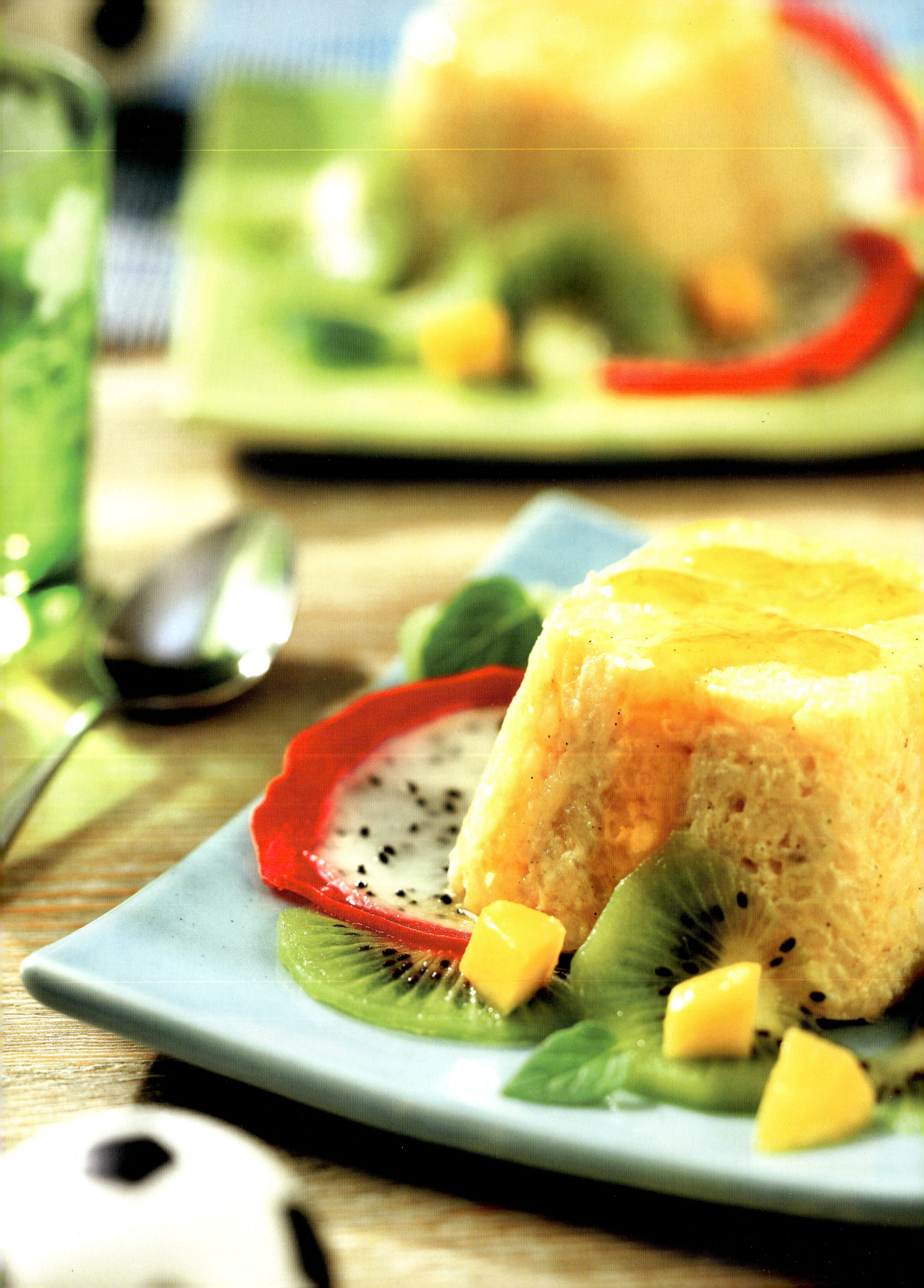

Australien:Japan

Ingwer-Reispudding mit Kiwi-Fruchtmix

Reis waschen, dann Milch und Vanillezucker aufkochen. Den Reis einstreuen und bei milder Hitze köcheln lassen, bis die Flüssigkeit aufgesogen ist. Zwischendurch immer wieder umrühren.

Ingwer hacken. Mit 4 EL Honig unter den Reis rühren. Danach kleine Förmchen einfetten. Die Eier schaumig schlagen und unter den Reis mischen, anschließend das Reisgemisch in die Förmchen füllen und mit Alufolie abdecken. Die Förmchen in eine Auflaufform oder Saftpfanne setzen. Mit Wasser bis zur Hälfte der Förmchenhöhe füllen.

Im vorgeheizten Backofen (E-Herd: 180 °C; Umluft: 160 °C) ca. 30 Min. dämpfen.

Inzwischen die Kiwis schälen und in Scheiben schneiden. Dann die Mango schälen, halbieren, den Kern entfernen und das Fruchtfleisch in Würfel schneiden. Drachenfrucht waschen, schälen und in Scheiben teilen. Zum Schluss die Minze waschen und die Blättchen abzupfen.

Reispudding aus den Förmchen lösen. Mit Früchten und Minze anrichten und den restlichen Honig darüber träufeln.

*200 g Klebreis
(ersatzweise Milchreis)
500 ml Milch
1 PK Bourbon-Vanillezucker
20 g eingelegter Ingwer
6 EL Honig
2 Eier
2 Kiwis
1 Mango
1 Drachenfrucht
1 Bund Minze
Fett für die Form
Alufolie*

Die „Socceroos" aus Australien mussten 32 Jahre warten, um sich ein zweites Mal für eine Fußballweltmeisterschaft zu qualifizieren. Nach ihrem Debüt 1974 reisten die „Aussies" nach Hause, ohne auch nur einen WM-Treffer erzielt zu haben. Weltrekordler sind sie seit 2001 trotzdem – und das ganz ohne WM-Turnier. Am 11. April 2001 besiegten die Socceroos Amerikanisch Samoa im australischen Badeort Coffs Harbour 32:0. Damit stellte das Nationalteam ebenso einen neuen Weltrekord auf wie auch sein Stürmer Archie Thompson. Er allein schoss in der Partie 13 Tore.

Vorrunde Gruppe F • 12.06.06 • 15:00 Uhr

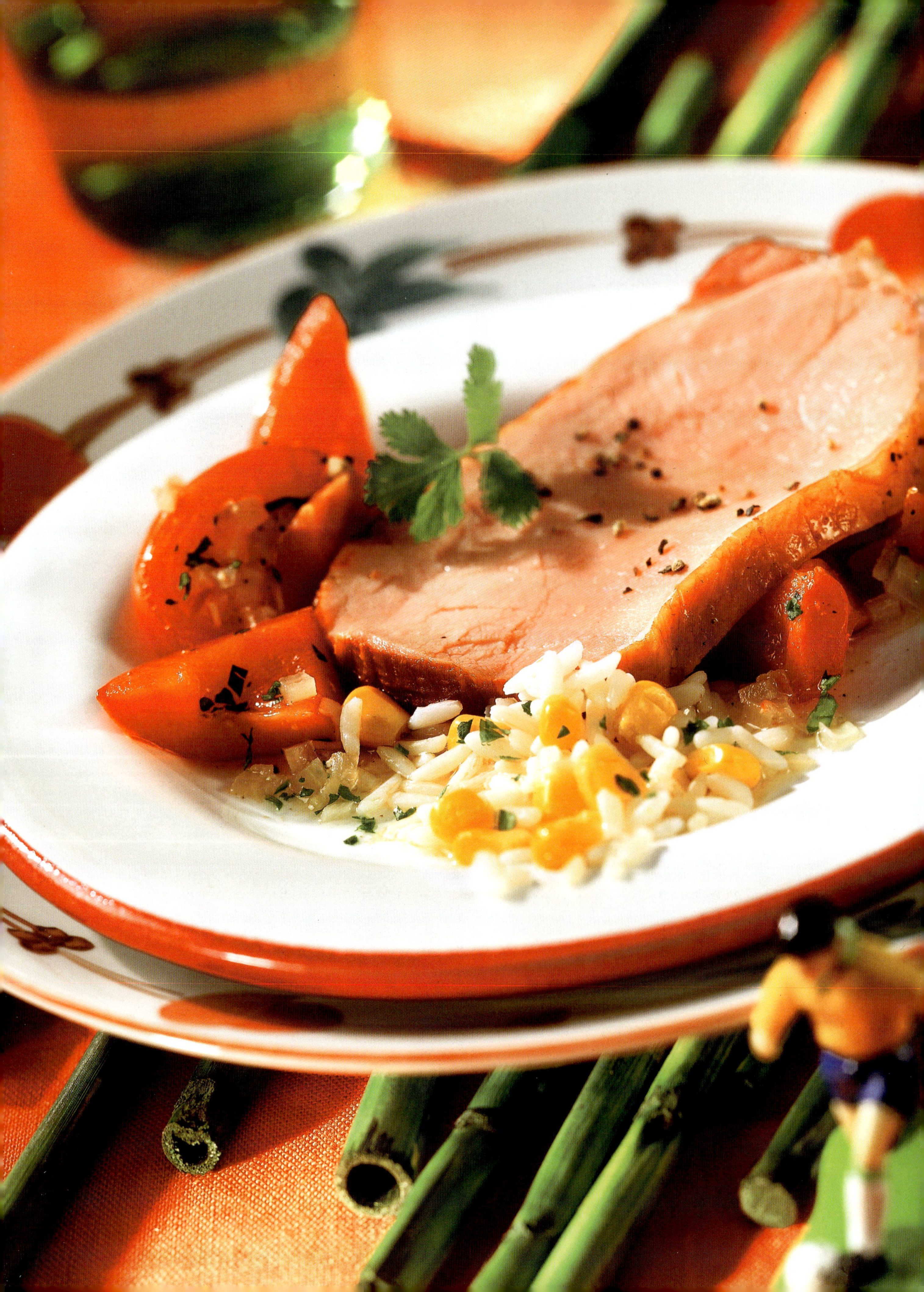

Brasilien:Kroatien

Brasilien, 19. November 1969: Ein Ereignis bringt die Kirchenglocken zum Läuten, beschert den Kindern schulfrei, den Philatelisten eine neue Sondermarke und dem Volk einen Feiertag. Was war passiert? Edson Arantes do Nascimento, kurz Pelé (rechts in voller Aktion), schoss in einem Spiel seines Clubs FC Santos sein 1.000 Tor. Das Spiel musste elf Minuten unterbrochen werden, weil die Spieler mit ihrem Helden auf den Schultern eine Ehrenrunde durchs Stadion drehten. Brasilien wurde mit Pelé dreimal Weltmeister.

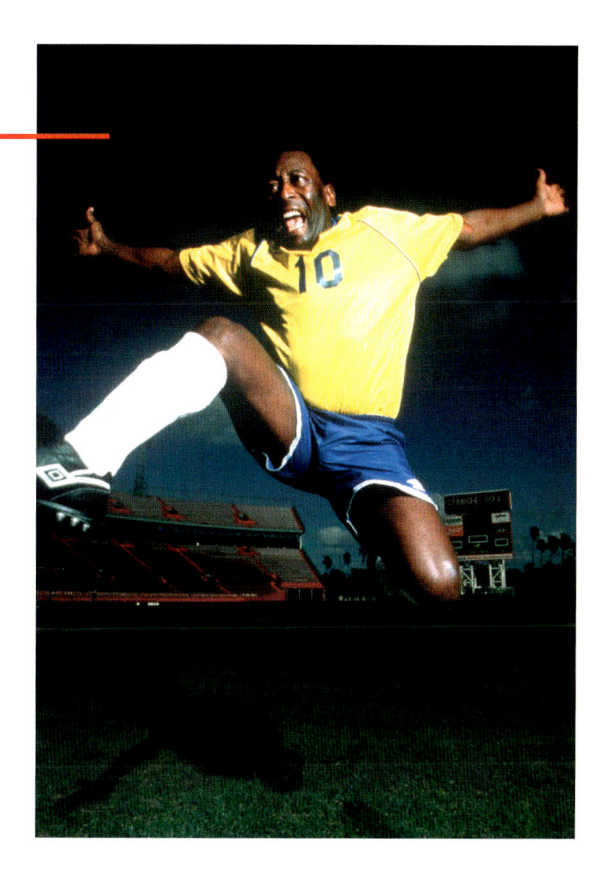

Kasseler mit Paprika-Koriandersauce

2 Zwiebeln
2 Knoblauchzehen
2 rote Paprikaschoten
500 g Tomaten
800 g Kasseler (ohne Knochen)
100 ml Weißwein
200 g Reis
1 Dose Mais
(285 g Abtropfgewicht)
2 EL Butter
2 Bund Koriander
Salz
Frisch gemahlener Pfeffer

Zwiebeln und Knoblauch schälen und hacken. Die Paprikaschoten putzen, waschen und in Würfel zerteilen. Dann die Tomaten waschen, putzen und in Spalten schneiden.

Kasseler mit vorbereiteten Zutaten in einen Bräter legen und den Weißwein dazugießen. Im vorgeheizten Backofen (E-Herd: 200 °C; Umluft: 180 °C) zugedeckt ca. 45 Min. braten.

Reis nach Packungsanweisung garen. Mais abtropfen lassen und mit Butter unter den Reis mischen. Warm halten.

Deckel des Bräters entfernen und weitere 10 Min. bräunen. Das Kasseler herausnehmen und in Scheiben schneiden. Koriander hacken und unter die Sauce mischen, dann mit Salz und Pfeffer abschmecken. Kasseler mit Sauce auf einer Platte anrichten und die Mais-Reismischung dazu servieren.

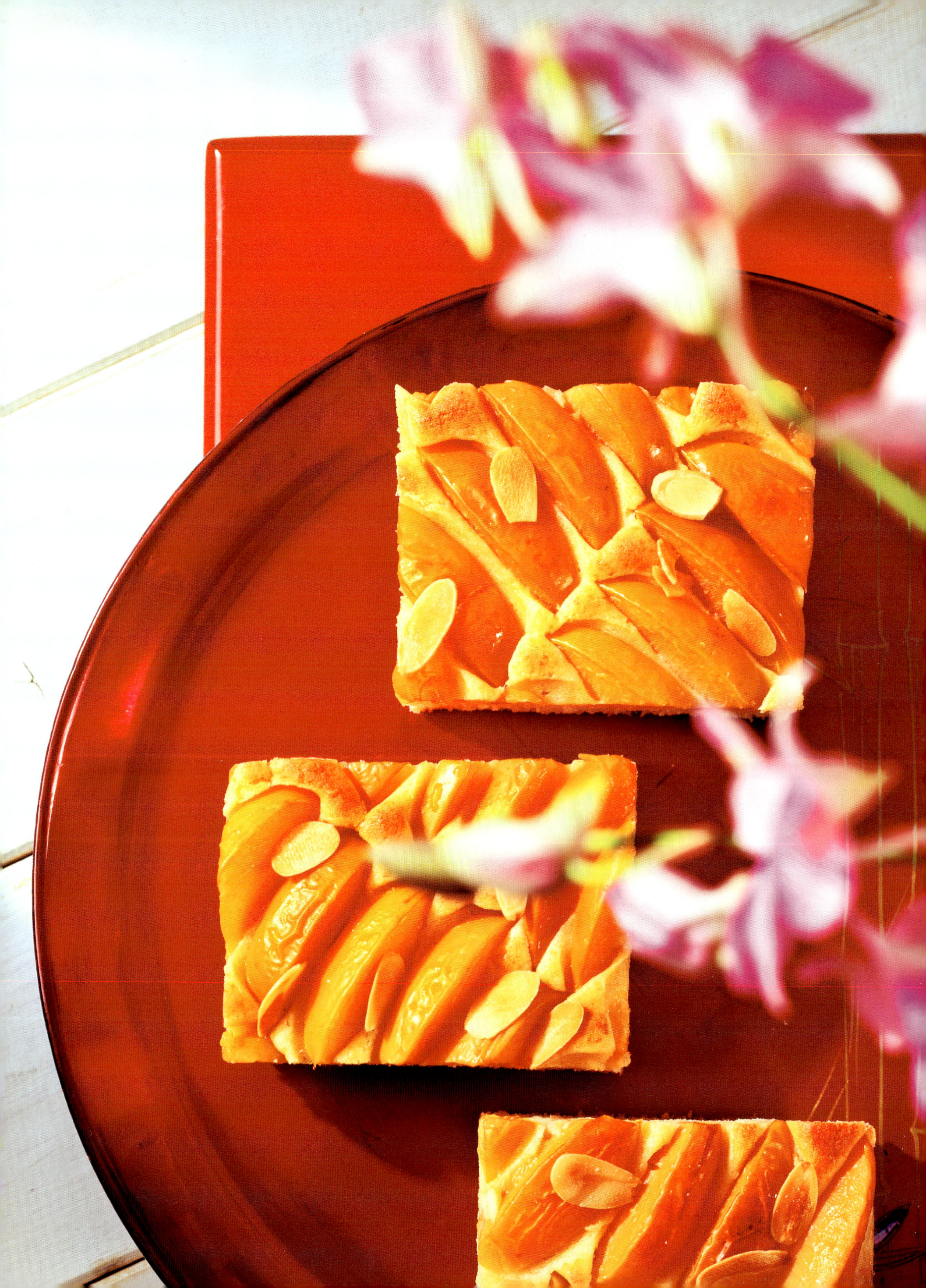

Japan:Kroatien

Hidetoshi Nakata (links) ist der Star des japanischen Teams. In einem Land, in dem sich die ABC-Schützen ihre Haare kurz scheren lassen müssen, um in die Schulmannschaft aufgenommen zu werden, ist „Hide" mit seinem flammend rot gefärbten Haarschopf ein Popstar. Die Teenager lieben den Mann, der mit seinem außergewöhnlichen Spielwitz immer wieder aufs Neue beweist, dass Individualität und Teamgeist kein Widerspruch sein müssen.

Mirabellen-Ingwer-Kuchen

(Für ein Backblech)

1 kg Mirabellen (ersatzweise gelbe Pflaumen)
1 Stück Ingwer (ca. 5 cm)
200 g Butter
150 g Marzipanrohmasse
150 g Zucker
1 Prise Salz
5 Eier
300 g Mehl
2 TL Backpulver
2 EL Mandelblättchen
Fett für die Form

Mirabellen waschen, halbieren, entkernen und in Spalten schneiden. Ingwer schälen und fein reiben.

Butter, Marzipan, Zucker und Salz schaumig rühren. Dann die Eier nach und nach darunter mengen und weiterrühren, bis die Masse hell ist. Anschließend Mehl und Backpulver mischen, sieben und darunter heben. Ingwer ebenfalls untermischen. Den Teig auf ein gefettetes Backblech streichen und Mirabellen sowie Mandelblättchen auf dem Teig verteilen.

Im vorgeheizten Backofen (E-Herd: 180 °C; Umluft: 160 °C) ca. 50 Min. backen.

Vorrunde Gruppe F • 18.06.06 • 15:00 Uhr

Brasilien:Australien

200 g schwarze Bohnen
1 Lorbeerblatt
Salz
2 Tomaten
1 rote Zwiebel
2 Frühlingszwiebeln
1 grüne Chilischote
100 g Maiskörner (Dose)
4 EL Öl
2 EL Limettensaft
Pfeffer aus der Mühle
4 Tunfischsteaks (à 150 g)
1/4 TL gemahlener Kreuzkümmel
2 EL gehacktes Koriandergrün

Gebratene Tunfischsteaks mit Bohnen-Mais-Salsa

Die Bohnen in kaltem Wasser über Nacht einweichen. Die Bohnen dann mit frischem Wasser und dem Lorbeerblatt aufsetzen, langsam aufkochen und bei schwacher Hitze zugedeckt ca. 1,5 Std. köcheln lassen. Zum Schluss salzen.

Tomaten einige Sekunden überbrühen, abschrecken, häuten, vierteln, entkernen und in Würfel schneiden. Zwiebel schälen und fein hacken. Die Frühlingszwiebeln putzen, waschen und in feine Ringe zerteilen. Die Chilischote entkernen, waschen und möglichst fein würfeln. Maiskörner abgießen und abtropfen lassen, dabei die Flüssigkeit auffangen.

Bohnen abgießen und abtropfen lassen. In einem Topf 1 EL Öl erhitzen, Zwiebel und Chiliwürfel darin andünsten, Bohnen, Maiskörner und ein wenig Maisflüssigkeit hinzufügen und aufkochen lassen. Frühlingszwiebeln, Tomaten und Limettensaft dazugeben, mit Salz und Pfeffer würzen, vom Herd ziehen und warm halten.

Tunfischsteaks waschen, trockentupfen und mit Kreuzkümmel, Salz und Pfeffer würzen. In einer Pfanne 3 EL Öl erhitzen und die Tunfischsteaks darin auf jeder Seite 2 Minuten braten. Die Pfanne vom Herd nehmen, den Fisch noch 1-2 Min. nachziehen lassen. Koriandergrün unter die Bohnen mischen und mit den Tunfischsteaks anrichten.

Kroatien:Australien

Straußenfleisch-Gemüse-Spieße mit Paprika

Für die Spieße
Ca. 650 g Straußenfleisch aus der Brust
Saft einer Orange
1 EL abgeriebene Orangenschale
2 EL flüssiger Honig
2 Knoblauchzehen
4 EL Sonnenblumenöl
Salz, Pfeffer aus der Mühle
3 Zwiebeln
Je 1 rote und gelbe Paprikaschote
8 Holzspieße

Für die Sauce
200 g Crème fraîche, 100 g Sahne
1 EL Zitronensaft
3 EL körniger Dijonsenf
2 EL kleine, eingelegte Kapern
1 EL gehackte Petersilie, Tabasco
Salz, Pfeffer aus der Mühle

Holzspieße in Wasser einweichen. Das Straußenfleisch in mundgerechte Würfel schneiden. Orangensaft, -schale und Honig verrühren. Knoblauch schälen und dazupressen. 2 EL Öl unterschlagen und mit Salz und Pfeffer abschmecken. Fleischwürfel in die Marinade geben und ca. 30 Min. ziehen lassen.

Die Zwiebeln schälen, längs vierteln und in kochendem Salzwasser 3 Min. blanchieren, abgießen, abschrecken und abtropfen lassen. Paprika waschen, putzen, vierteln, entkernen, alle weißen Innenhäute abschneiden und quer in mundgerechte Stücke schneiden.

Für die Sauce Crème fraîche, Sahne, Zitronensaft und Senf verrühren, Kapern und Petersilie unterrühren und mit einigen Tropfen Tabasco, Salz und Pfeffer würzen, abschmecken.

Das marinierte Fleisch, die Paprikastücke und die Zwiebeln abwechselnd auf Holzspieße stecken. Diese dann mit dem restlichen Öl einstreichen und auf einem geölten Grillrost im vorgeheizten Backofengrill in ca. 8 Min. unter gelegentlichem Wenden fertig grillen. Straußenfleisch-Gemüse-Spieße auf einer Platte anrichten und mit der Sauce servieren.

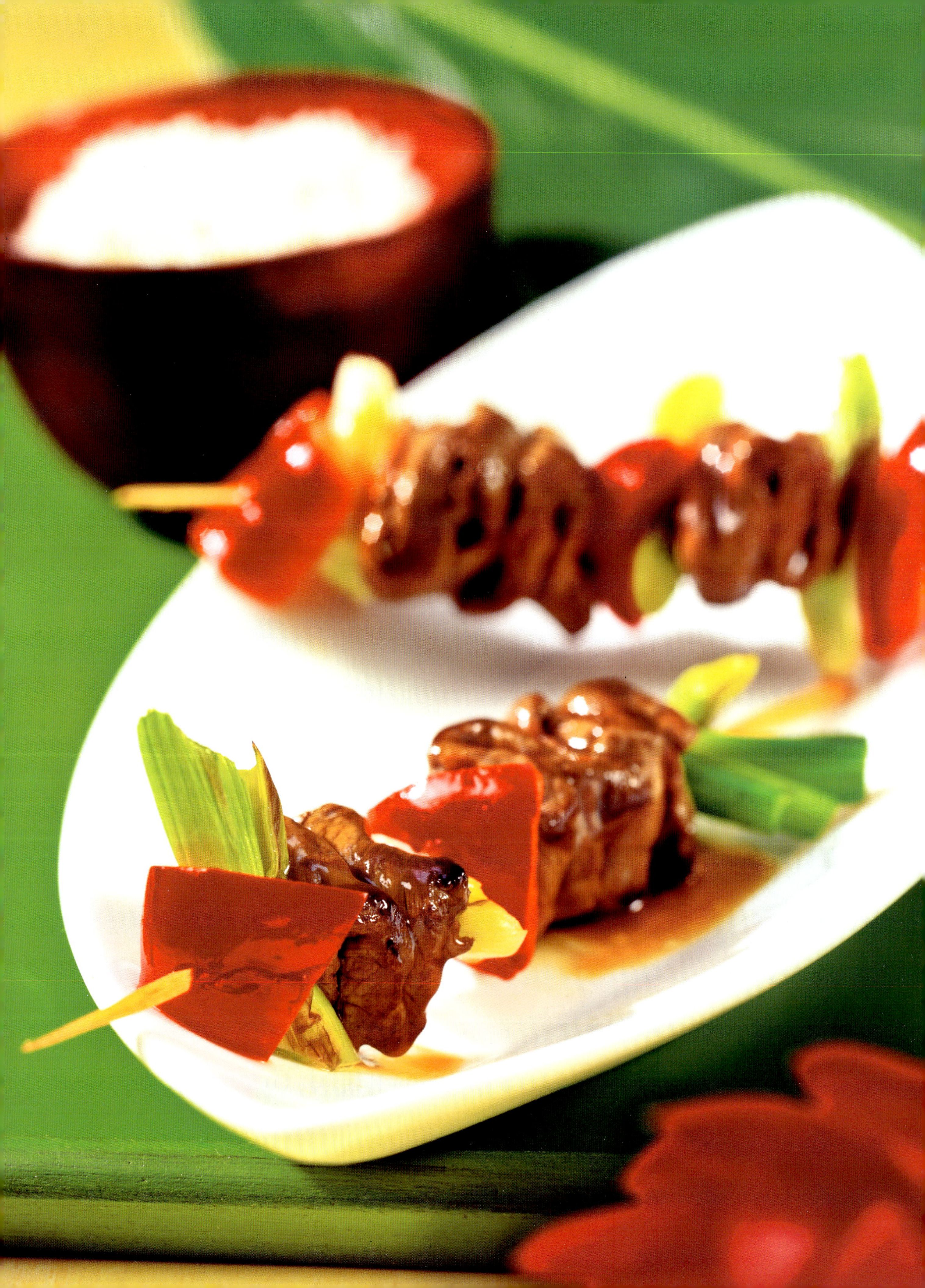

Japan:Brasilien

Rind-Teriyaki

1 Stück Ingwer (ca. 3 cm)
600 g Rindersteak
6 EL Sojasauce (z.B. Kikkoman)
2 EL Mirin (Japanischer Wein), ersatzweise Sherry
Frisch gemahlener Pfeffer
1 rote Paprikaschote
2 Bund Frühlingszwiebeln
Holzspieße

Ingwer schälen und fein reiben. Rindersteak waschen und trockentupfen. Zuerst das Fleisch in 3 cm breite Scheiben und dann in schmale Streifen schneiden. In einer Marinade aus Sojasauce, Mirin, Ingwer und Pfeffer ca. 2 Std. marinieren.

Inzwischen die Paprikaschote putzen, waschen und in 3 x 3 cm große Würfel zerkleinern. Die Frühlingszwiebeln putzen, waschen und in 3 cm große Stücke teilen.

Fleisch der Länge nach durch die Holzspieße wellenartig abwechselnd mit Paprika und Frühlingszwiebeln ziehen.

Im E-Herd bei 225 °C bzw. bei 200 °C Umluft ca. 4-6 Min. unter Wenden grillen. Dazu schmeckt Jasminreis.

Der Brasilianer Arthur Antunes Coimbra, kurz Zico (Foto rechts), galt in seiner aktiven Zeit als legitimer Nachfolger des Jahrhundertfußballers Pelé. „Der weiße Pelé" spielte im Nationaltrikot und für das Team Flamengo aus Rio de Janeiro. Zico liebt die Massen: „Für mich war es immer einfacher, vor 150.000 Menschen zu spielen als vor 1.500." Kein Wunder also, dass er Rios Maracana-Stadion liebt: Es fasst 200.000 Fans. Weltmeister wurde Zico als Spieler nie. Doch jetzt trainiert er Japan und kann für ein Fußballwunder sorgen.

Vorrunde Gruppe G

Frankreich
Schweiz
Südkorea
Togo

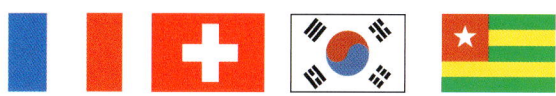

Südkorea:Togo

Hirseauflauf mit asiatischen Früchten

Vanilleschote aufschneiden und das Mark herauskratzen. Zucker, Vanillemark und Milch zum Kochen bringen.

Hirse abspülen und in der Milch ca. 25 Min. bei milder Hitze unter Rühren köcheln.

Sternfrucht waschen und in Scheiben schneiden. Mango schälen, halbieren und den Kern herauslösen. Fruchtfleisch in Würfel zerteilen. Papaya halbieren, die Kerne herauskratzen, schälen und in Würfel schneiden. Eier trennen. Das Eigelb verrühren und unter die Hirse mischen.

Das Eiweiß steif schlagen und unterheben. Die Früchte und Pistazien ebenfalls vorsichtig unterheben. Dann eine Auflaufform einfetten und die Hirsemischung einfüllen. Im vorgeheizten Backofen (E-Herd: 180 °C; Umluft: 160 °C) ca. 30 Min. backen.

Mit Honig beträufeln.

1 Vanilleschote
100 g Zucker
600 ml Milch
300 g Hirse
1 Sternfrucht
1 feste Mango
1 feste Papaya
2 Eier
2 EL gehackte Pistazien
2 EL flüssiger Honig
Fett für die Form

Frankreich:Schweiz

Käsefondue mit Schinken und Erdbeeren

250 g Emmentaler
250 g Gruyère
250 g trockener Weißwein
3 EL Zitronensaft
1 EL Speisestärke
Salz, Pfeffer aus der Mühle
Außerdem:
200 g gekochter Schinken am Stück
1 Baguette
100 g Champignons
250 g Erdbeeren
2 EL Schnittlauchröllchen

Käse in kleine Würfel schneiden. Dann den Käse mit Wein, Zitronensaft und Speisestärke im Fonduetopf vermischen und bei mittlerer Hitze unter Rühren auf dem Herd schmelzen lassen, salzen und pfeffern.

Schinken in mundgerechte Würfel zerkleinern. Das Baguette in kleine Stücke schneiden und unter dem Backofengrill bei 250 °C ca. 4 Min. rösten. Champignons putzen und je nach Größe halbieren, vierteln oder ganz lassen.

Erdbeeren putzen, waschen, trockentupfen und bei Bedarf kleiner schneiden. Alle vorbereiteten Zutaten anrichten. Den Käse auf den Rechaud stellen und mit Schnittlauch bestreuen.

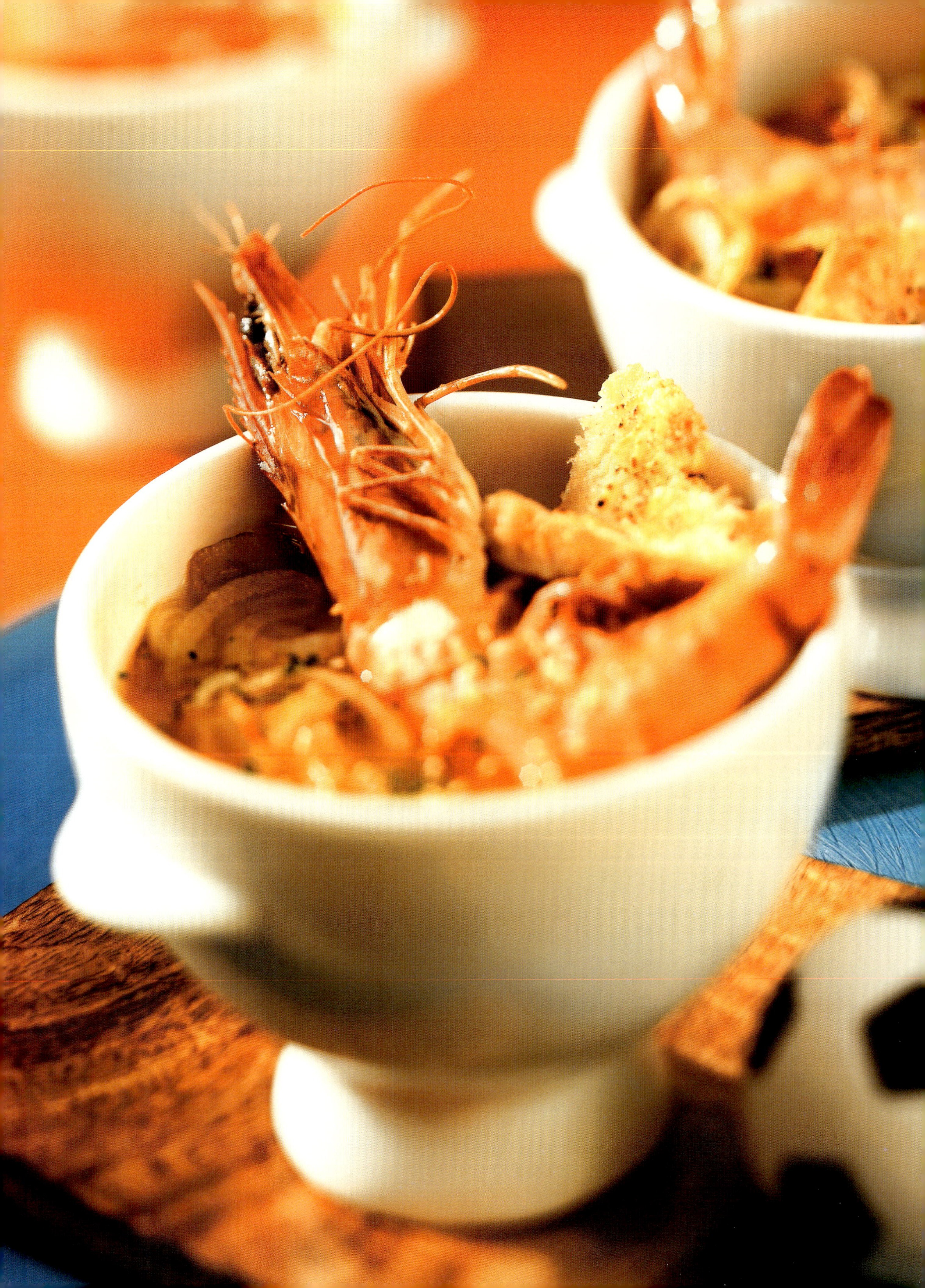

Frankreich : Südkorea

Überbackene Reiswein-Zwiebelsuppe mit Scampi

Zwiebeln schälen und in Scheiben schneiden. Den Knoblauch schälen und durch die Presse drücken. Dann 20 g Butter in einem Topf erhitzen und die Zwiebeln und den Knoblauch darin andünsten. Mit Reiswein und Brühe ablöschen und mit Salz und Pfeffer abschmecken. 15 Min. bei milder Hitze köcheln.

Währenddessen Öl in einer Pfanne erhitzen. Scampi darin unter Wenden ca. 6-8 Min. braten, mit Salz und Pfeffer würzen. Das Baguette in Scheiben schneiden und den Parmesan reiben. Danach die Zwiebelsuppe und Scampi in feuerfeste Suppenschüsseln füllen. Die Baguettescheiben mit Parmesan bestreuen und auf die Suppe legen. Sesam und Petersilie darüber streuen.

Im vorgeheizten Backofen (E-Herd: 200 °C; Umluft: 180 °C) goldgelb überbacken.

600 g Zwiebeln
1 Knoblauchzehe
20 g Butter
2 EL Reiswein, ersatzweise Sherry
1 l Rinderbrühe
Salz
Frisch gemahlener Pfeffer
2 EL Öl
400 g TK-Scampi ohne Kopf und Schale
1 Baguette
100 g Parmesan
2 EL Sesam
2 EL gehackte Petersilie

Der 12. August 2004 war ein Tag der Trauer für die „Equipe Tricolore". Ihr unumstrittener Star, Zinedine Zidane, hatte seinen Rücktritt aus dem französischen Nationalteam erklärt. Er wolle fortan nur noch für seinen Arbeitgeber Real Madrid tätig sein, ließ der Weltfußballer der Jahre 1998, 2000 und 2003 verlauten. Knapp ein Jahr später revidierte er seinen Entschluss. Warum? „Zizou" gab an, eines Nachts eine mysteriöse Stimme gehört zu haben, die ihn zum Weitermachen überredet habe. Wunderbar, denn was ist schon ein Star ohne Legende?

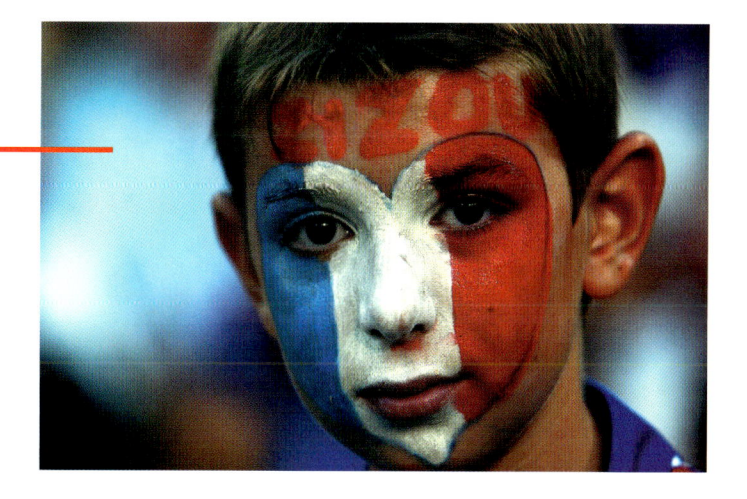

Vorrunde Gruppe G • 18.06.06 • 21:00 Uhr

Togo : Schweiz

4 gelbe Kochbananen
2 EL Öl
4 dünne Scheiben roher Schinken
4 dünne Scheiben Emmentaler
4 Cocktailkirschen

Bananen schälen, mit Öl einpinseln und in eine Auflaufform setzen. Im vorgeheizten Backofen (180 °C) ca. 15-20 Min. braten.

Zum Servieren Bananen etwas einschneiden, leicht aufbiegen und dekorativ mit Schinken und Käse belegen und mit Kirschen garnieren.

Gebratene Kochbanane mit Schinken, Käse & Kirschen gefüllt

82 • 19.06.06 • 15:00 Uhr • Vorrunde Gruppe G

🇨🇭 Schweiz : Südkorea 🇰🇷

Rösti mit Bambussprossen und Chili

Käse reiben. Kartoffeln schälen und grob raspeln, dann gut ausdrücken. Chili waschen, entkernen und in feine Würfel schneiden. Bambussprossen abtropfen lassen, nach Bedarf in feine Streifen zerkleinern und mit den Kartoffeln, Chili, dem Mehl, Käse und Ei vermischen, salzen und pfeffern.

Kleine Röstis formen, diese in einer Pfanne mit heißem Butterfett von beiden Seiten goldbraun braten und warm stellen (Backofen 70 °C), bis alle Rösti ausgebacken sind.
Anschließend Crème fraîche mit Limettensaft glatt rühren.

Zum Servieren Puffer auf Teller anrichten, nach Belieben 1-2 Kleckse Crème fraîche darauf geben und mit Limettenzesten garnieren.

100 g Emmentaler
600 g Kartoffeln
1 rote Chilischote
200 g Bambussprossen (Dose)
1 EL Mehl
1 Ei
Salz, Pfeffer aus der Mühle
Butterfett zum Braten
150 g Crème fraîche
1 EL Limettensaft
Limettenzesten zum Garnieren

Vorrunde Gruppe G • 23.06.06 • 21:00 Uhr

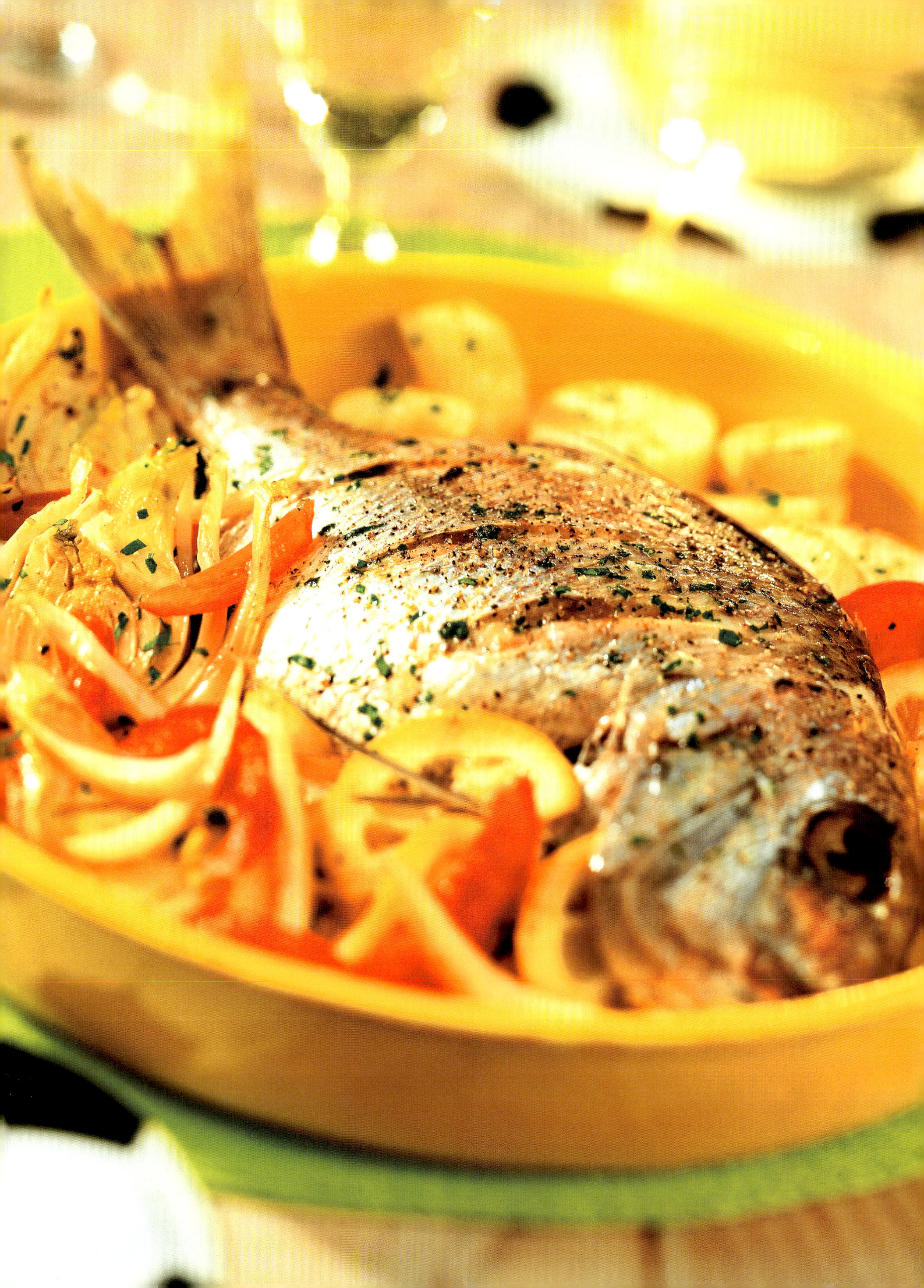

Togo : Frankreich

Die Nacht vom 17. zum 18. Oktober 2005 in der togoischen Hauptstadt Lomé war nicht eben dazu angetan, das Haus zu verlassen. Es schüttete wie aus Eimern und dazu war auch noch der Strom in der gesamten Stadt ausgefallen. Trotzdem strömte in dieser Nacht nahezu die gesamte Bevölkerung auf die Staße. Alt und Jung begannen zu singen und zu tanzen, die Kinder veranstalteten gellende Trillerpfeifen-Konzerte: Togo hatte sich soeben gegen Kongo zum ersten Mal für eine Fußballweltmeisterschaft qualifiziert. Gefeiert wurde auch noch am nächsten und am übernächsten Tag, einem Montag. Der wurde, schließlich sollte niemand die Ausgelassenheit bedauern müssen, kurzerhand zum Nationalfeiertag erklärt. Bild links: So feiern togoische Fans.

Gebackene Dorade Rosé mit Buttermaniok

Fenchel putzen, waschen und in feine Streifen schneiden. Den Knoblauch schälen und fein hacken. Dann die Tomaten einritzen, überbrühen, vierteln, entkernen und in kleine Würfel zerteilen. Die Brassen innen und außen abspülen, trockentupfen, schräg einschneiden und mit Salz und Pfeffer einreiben.

Olivenöl und Gemüse in einer Form verteilen. Brasse darauf legen. Im vorgeheizten Backofen (E-Herd: 200 °C; Umluft: 180 °C) ca. 25 Min. backen.

Inzwischen die Petersilie waschen, die Blättchen abzupfen und hacken. Maniok schälen, waschen und in Scheiben oder Würfel schneiden. Im kochenden Salzwasser ca. 20 Min. garen und abgießen. Butter in einer Pfanne erhitzen und den Maniok darin schwenken. Mit Salz und Pfeffer abschmecken. Zum Schluss die Petersilie darüber streuen.

Dorade mit dem Buttermaniok servieren.

2 Fenchelknollen
2 Knoblauchzehen
3 Tomaten
2 küchenfertige Rotbrassen (ca. 600 g)
Salz
Frisch gemahlener Pfeffer
3 EL Olivenöl
1 Bund Petersilie
800 g Maniok, ersatzweise Kartoffeln
30 g Butter

Vorrunde Gruppe H

Spanien
Ukraine
Tunesien
Saudi Arabien

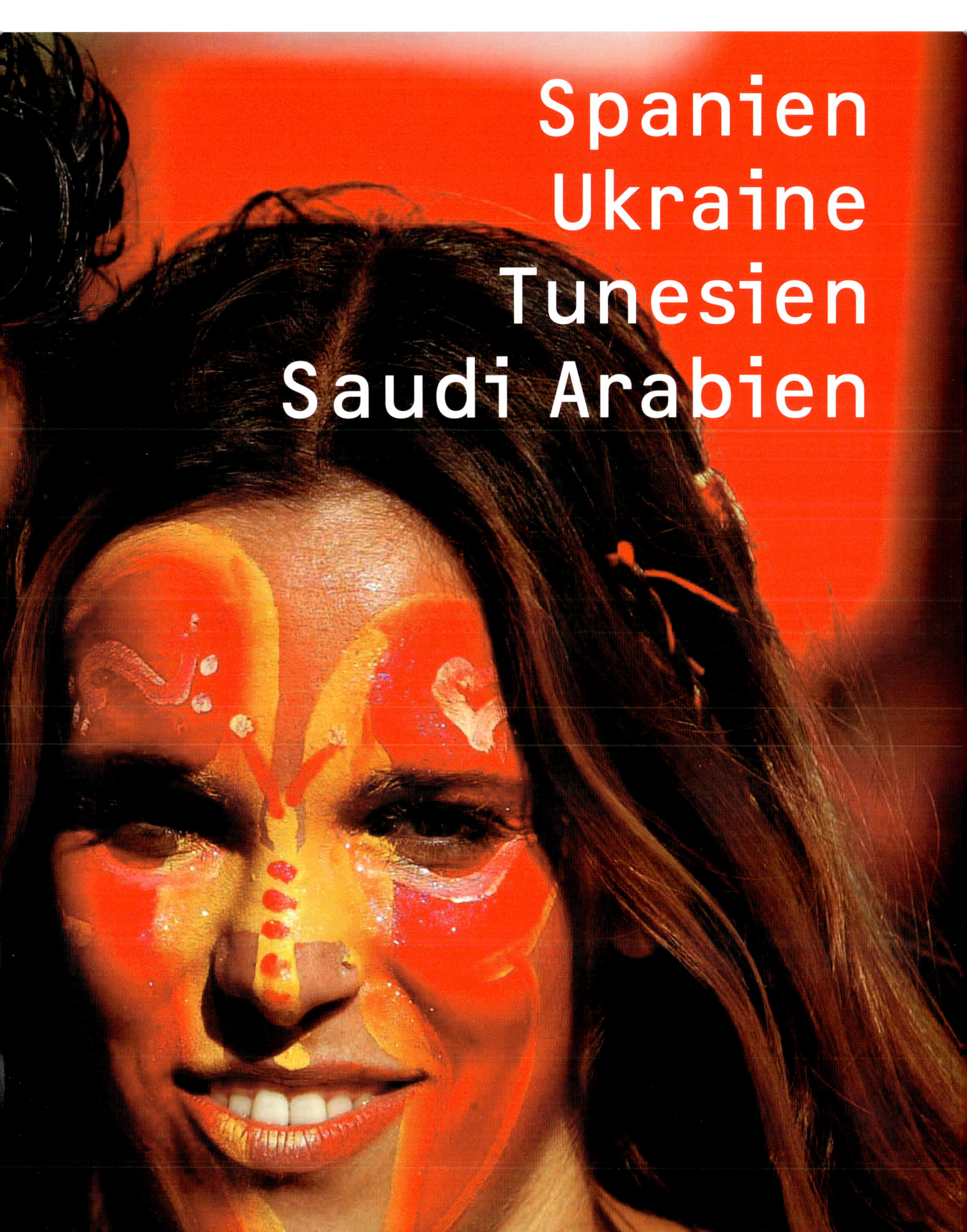

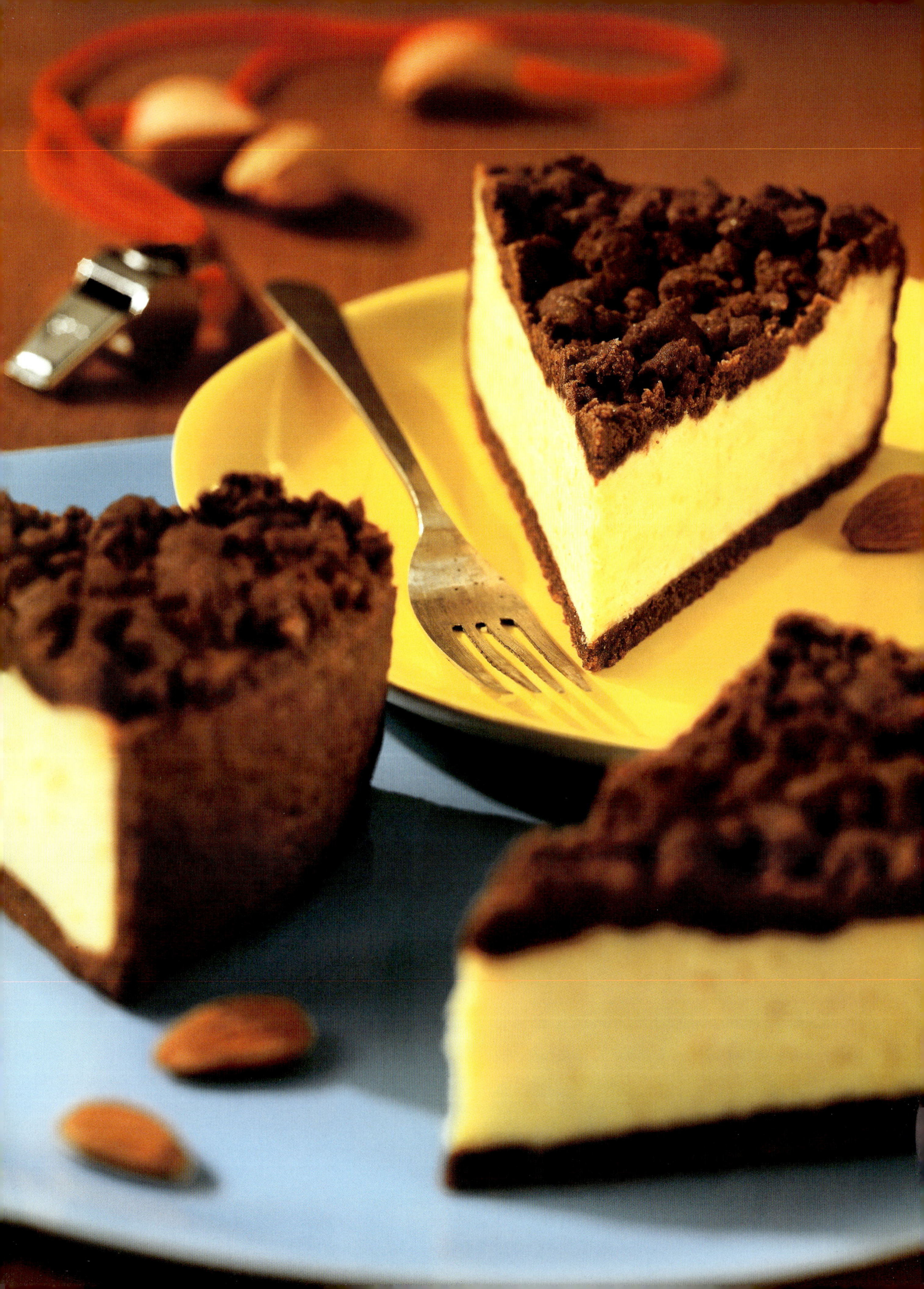

Spanien:Ukraine

Zupfkuchen mit Mandeln

(Für eine Springform mit 26-28 cm Durchmesser)

Für den Mürbeteig:
300 g Mehl
100 g Zucker
2 TL Backpulver
1 Ei
150 g Butter
30 g Kakao

Für die Füllung:
200 g Butter
200 g Zucker
1 PK Vanillezucker
750 g Magerquark
1 PK Puddingpulver (Vanille)
100 g gemahlene Mandeln

Alfredo di Stefano (Foto oben), Stürmerlegende der 50er Jahre, absolvierte 41 Länderspiele. Nun, das ist keine besonders stattliche Summe, wenn man bedenkt, dass z. B. Lothar Matthäus 150 Matches für Deutschland bestritten hat. Allerdings nur für Deutschland. Di Stefano streifte in seiner Karriere drei verschiedene Nationaltrikots über: Er spielte für Argentinien, Kolumbien und – für Spanien!

Mehl, Zucker, Backpulver, Ei, Butter und Kakao verkneten. Eine Springform mit Backpapier auslegen. 3/4 vom Mürbeteig auf einer bemehlter Arbeitsfläche ausrollen, dann die Springform damit auslegen.

Butter, Zucker und Vanillezucker schaumig rühren. Quark, Puddingpulver und Mandeln darunter rühren. Anschließend die Quarkmasse in die Form füllen. Den restlichen Mürbeteig krümelig darüber verteilen.

Im vorgeheizten Backofen (E-Herd: 180 °C; Umluft: 160 °C) ca. 1 Std. backen.

Vorrunde Gruppe H • 14.06.06 • 15:00 Uhr

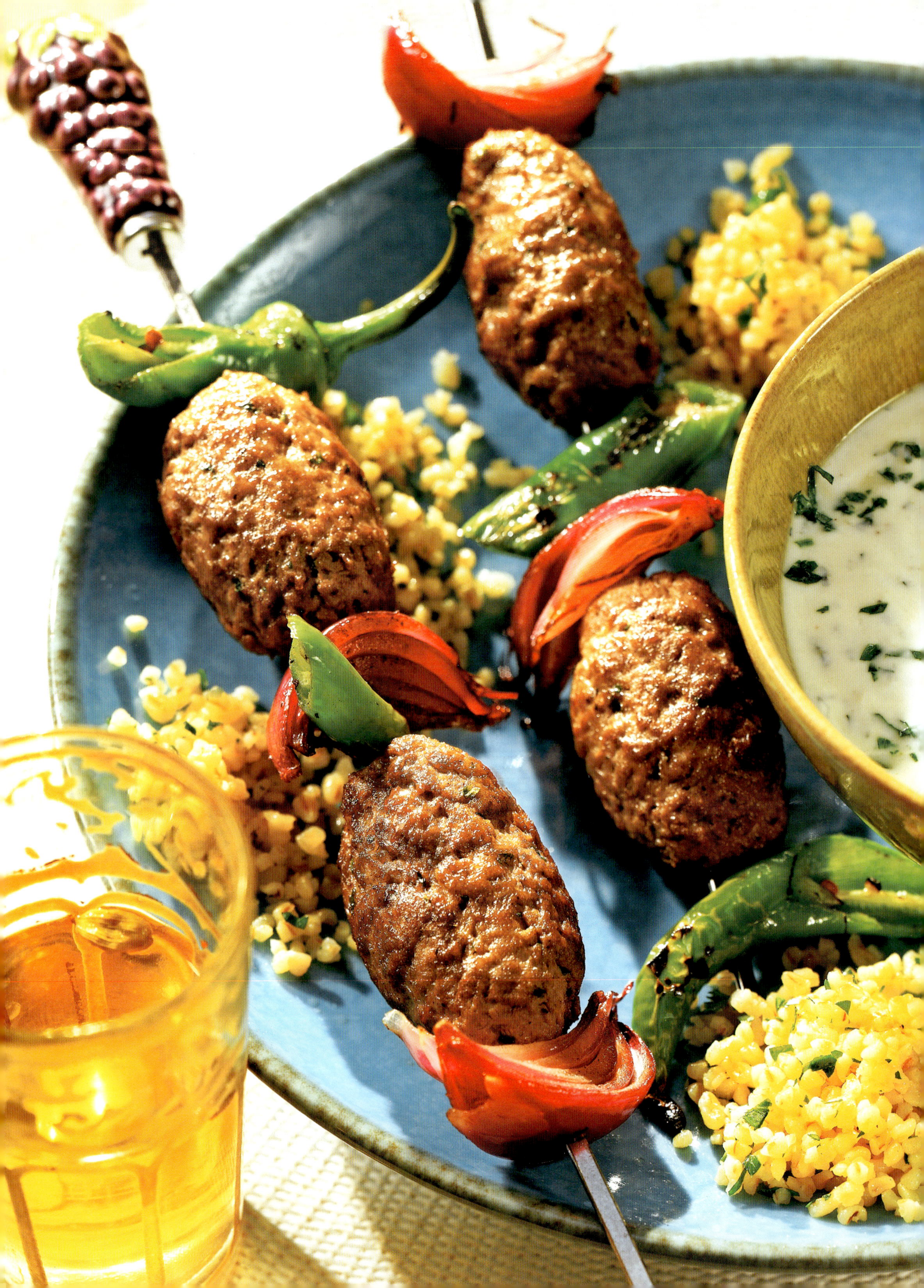

Tunesien : Saudi Arabien

Nicht kleckern, sondern klotzen: Saudi Arabiens König Fahd hatte jedem seiner Kicker zur geglückten WM-Qualifikation 1994 100.000 Dollar aus seiner Privatschatulle vermacht. Die gleiche Summe und eine deutsche Luxuslimousine versprach der Monarch den Spielern für den Einzug ins Finale. Hat leider nicht geklappt: Die Saudis mussten sich nach dem Achtelfinale verabschieden. Es darf spekuliert werden, mit welcher inspirierenden Prämie dem Team (links im Bild) diesmal Beine gemacht werden soll.

Lammhackspieße mit Bulgur und Minzsauce

Brühe zum Kochen bringen. Bulgur einstreuen und bei milder Hitze zugedeckt ca. 20 Min. köcheln lassen.

Die Minze waschen und fein hacken. Dann den Knoblauch schälen und durch die Presse drücken. Den Jogurt mit der Minze und dem Knoblauch verrühren, mit Salz und Pfeffer abschmecken. Beiseite stellen.

Petersilie waschen und fein hacken. Bulgur abgießen und mit der Petersilie und dem Olivenöl vermischen. Danach Koriander hacken. Mit Lammfleisch, Kardamom, Kreuzkümmel, Nelken, Salz und Pfeffer verkneten. Aus dem Fleischteig kleine ovale Stücke formen und durch die Spieße ziehen.

Im E-Herd bei 225 °C bzw. 200 °C Umluft ca. 8 Min. unter Wenden grillen. Spieße mit Bulgur und Minzsauce servieren.

600 ml Gemüsebrühe
250 g Bulgur
1 Bund Minze
1 Knoblauchzehe
300 g Jogurt
Salz
Frisch gemahlener Pfeffer
1 Bund Petersilie
4 EL Olivenöl
1 Bund Koriander
500 g Lammhack
1 TL gemahlener Kardamom
1 TL gemahlener Kreuzkümmel
1 TL gemahlene Nelken
Holzspieße

Saudi Arabien:Ukraine

Orientalische Soljanka

Fleisch, Markknochen und Lorbeerblätter mit 1,5 l Salzwasser bedeckt ca. 2 Std. zugedeckt bei schwacher Hitze köcheln. Dann das Fleisch herausnehmen und die Brühe durch ein feines Sieb gießen. Brühe für die Suppe aufbewahren.

Schinken und Salami in kleine Würfel, Speck in Streifen, Würstchen und Gewürzgurken in Scheiben schneiden. Zwiebeln schälen und hacken. Butter in einem gusseisernen Topf erhitzen und die Zwiebeln darin glasig dünsten. Danach den Schinken, Speck, die Salami und Würstchen zugeben. Ca. 3 Min. mitdünsten. Tomatenmark zufügen und mit 1 l Brühe ablöschen. Anschließend Kapern und Gewürzgurken untermischen. Zum Schluss das Fleisch in Würfel schneiden und zur Suppe geben. Mit Koriander, Kreuzkümmel, Kurkuma, Salz und Pfeffer abschmecken.

Im vorgeheizten Backofen (E-Herd: 180 °C; Umluft: 160 °C) ca. 25 Min. zugedeckt weiter garen.

Zitrone waschen und in Scheiben schneiden, Dill waschen und hacken. Die Suppe mit saurer Sahne, Dill und Zitronenscheiben servieren. Dazu passt Fladenbrot.

400 g Rinderbrust
200 g Markknochen
2 Lorbeerblätter
Salz
100 g gekochter Schinken
100 g Salami
100 g durchwachsener Speck
100 g Würstchen
150 g Gewürzgurken
2 Zwiebeln
40 g Butter
2 EL Tomatenmark
2 EL Kapern
1 TL Koriander
1 TL Kreuzkümmel
1 TL Kurkuma
Frisch gemahlener Pfeffer
1 Zitrone
1 Bund Dill
100 g saure Sahne

Spanien:Tunesien

Paella mit Lammbällchen

250 g Paellareis, ersatzweise Rundkornreis
250 g Bohnen
2 rote Paprikaschoten
200 g Tomaten
3 Zwiebeln
3 Knoblauchzehen
7 EL Olivenöl
200 g TK-Erbsen
750 ml Rinderbrühe
Salz
Frisch gemahlener Pfeffer
1 Döschen Safran
1 Bund Koriander
500 g Lammhack
1 TL Kreuzkümmel
1 TL Chilipulver
1 Limette

Reis waschen und abtropfen lassen. Bohnen und Paprikaschoten putzen, waschen und in Stücke bzw. Streifen zerkleinern. Dann die Tomaten ebenfalls waschen, putzen und in Spalten schneiden. Zwiebeln und Knoblauch schälen und hacken.

5 EL Olivenöl in einer Paellapfanne erhitzen, die Zwiebeln und den Knoblauch darin andünsten. Reis zugeben und glasig dünsten. Das vorbereitete Gemüse und die Erbsen darunter mischen. Mit Brühe ablöschen und mit Salz, Pfeffer und Safran würzen. Im vorgeheizten Backofen (E-Herd: 180 °C; Umluft. 160 °C) ca. 1 Std. garen.

Koriander hacken. Mit Lammhack, Kreuzkümmel, Chili, Salz und Pfeffer verkneten und aus dem Teig Bällchen formen. Dann das restliches Olivenöl in einer Pfanne erhitzen und die Lammbällchen darin unter Wenden ca. 5 Min. braten. 20 Min. vor Ende der Garzeit Lammbällchen auf dem Reis verteilen und weiter garen.

Limette waschen und in Spalten schneiden. Paella damit garnieren.

Vorrunde Gruppe H • Fr. 19.06.06 • 21:00 Uhr

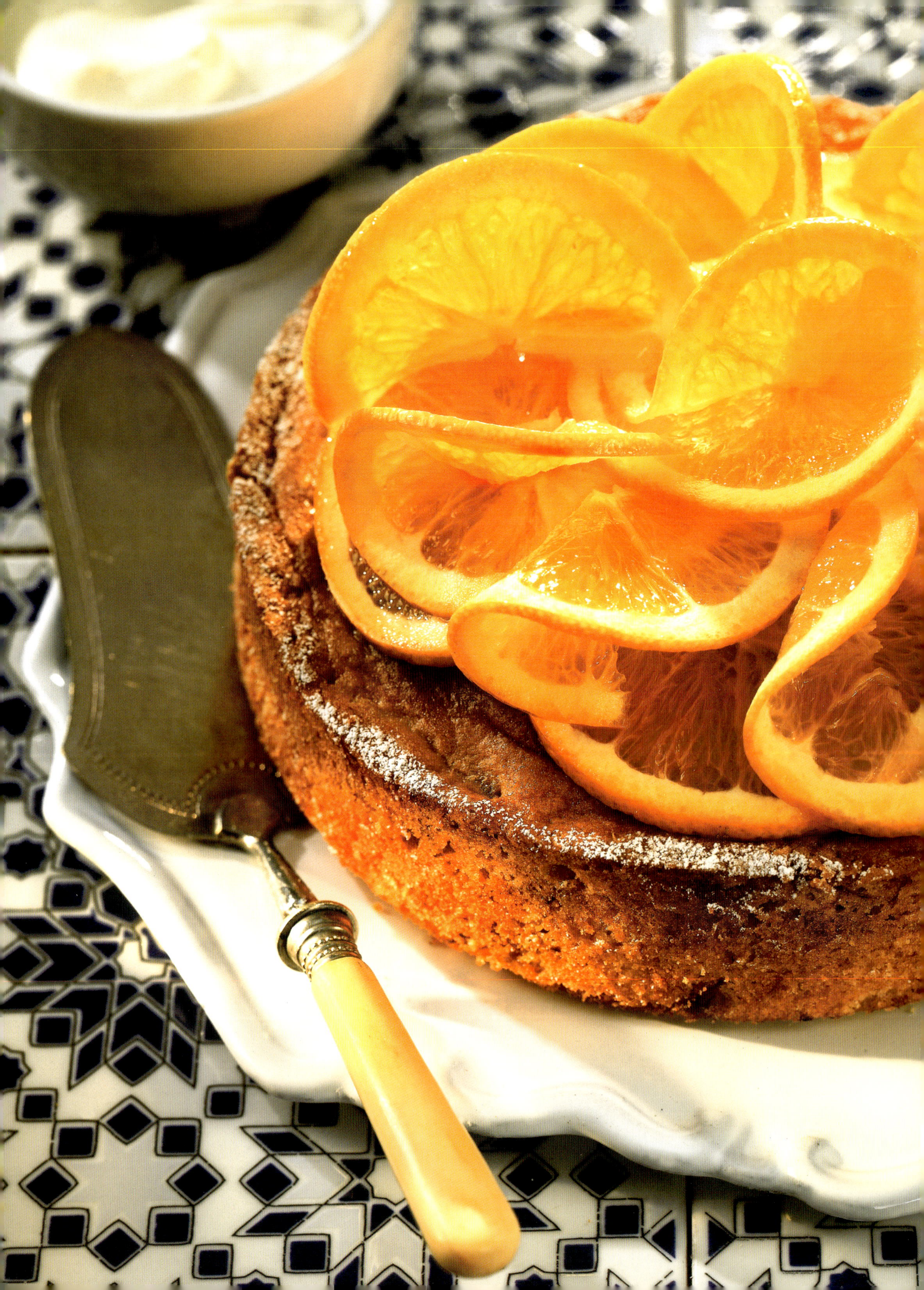

Ukraine:Tunesien

Orangentorte mit Wodka-Sahne

(Für eine Springform mit 26-28 cm Durchmesser)
200 g Datteln
200 g Butter
175 g Zucker
2 PK Vanillezucker
1 Prise Salz
4 Eier
200 g Mehl
2 TL Backpulver
2 Orangen (unbehandelt)
5 EL Orangenlikör
200 g Sahne
5 EL Wodka
Fett für die Form

Datteln halbieren, entkernen und in feine Streifen schneiden.

Butter, Zucker, 1 Päckchen Vanillezucker und Salz schaumig rühren. Eier nach und nach darunter rühren und weiter rühren, bis die Masse hell ist. Mehl und Backpulver mischen, sieben und darunter heben. Datteln ebenfalls dazugeben. Den Teig in die gefettete Backform füllen und im vorgeheizten Backofen (E-Herd: 180 °C; Umluft: 160 °C) ca. 60 Min. backen.

Währenddessen die Orangen waschen. 1 Orange halbieren und auspressen. Die andere Orange in Scheiben schneiden. Orangensaft, -scheiben und -likör aufkochen. Dann die Tortenoberfläche mit einer Gabel mehrmals einstechen und die Orangenlikörmischung darauf verteilen. Torte mit Orangenscheiben verzieren.

Sahne und restlichen Vanillezucker steif schlagen. Wodka unterrühren. Orangentorte mit Wodka-Sahne servieren.

Es ist zum Verzweifeln. Nach dem Anpfiff bleibt einem Trainer wenig mehr als das Zuschauen. Einige schreien, gestikulieren und führen an der Seitenlinie wilde Tänze auf, um Dampf abzulassen. Nicht so Valeri Lobanowski (Foto unten), Trainer der sowjetischen Equipe bei den Weltmeisterschaften 1986 und 1990 und auch vom Team des Nachfolgestaates Ukraine. Er verwandelte sich nach jedem Anpfiff in ein Denkmal, verzog selbst bei desaströsen Spielzügen seiner Mannschaft keine Miene. Sein Ziehsohn und Nachfolger Oleg Blochin ist zwar auch kein Stehaufmännchen wie z. B. Giovanni Trappattoni, pflegt jedoch einen etwas bewegteren Stil.

Vorrunde Gruppe H • 23.06.06 • 16:00 Uhr • 95

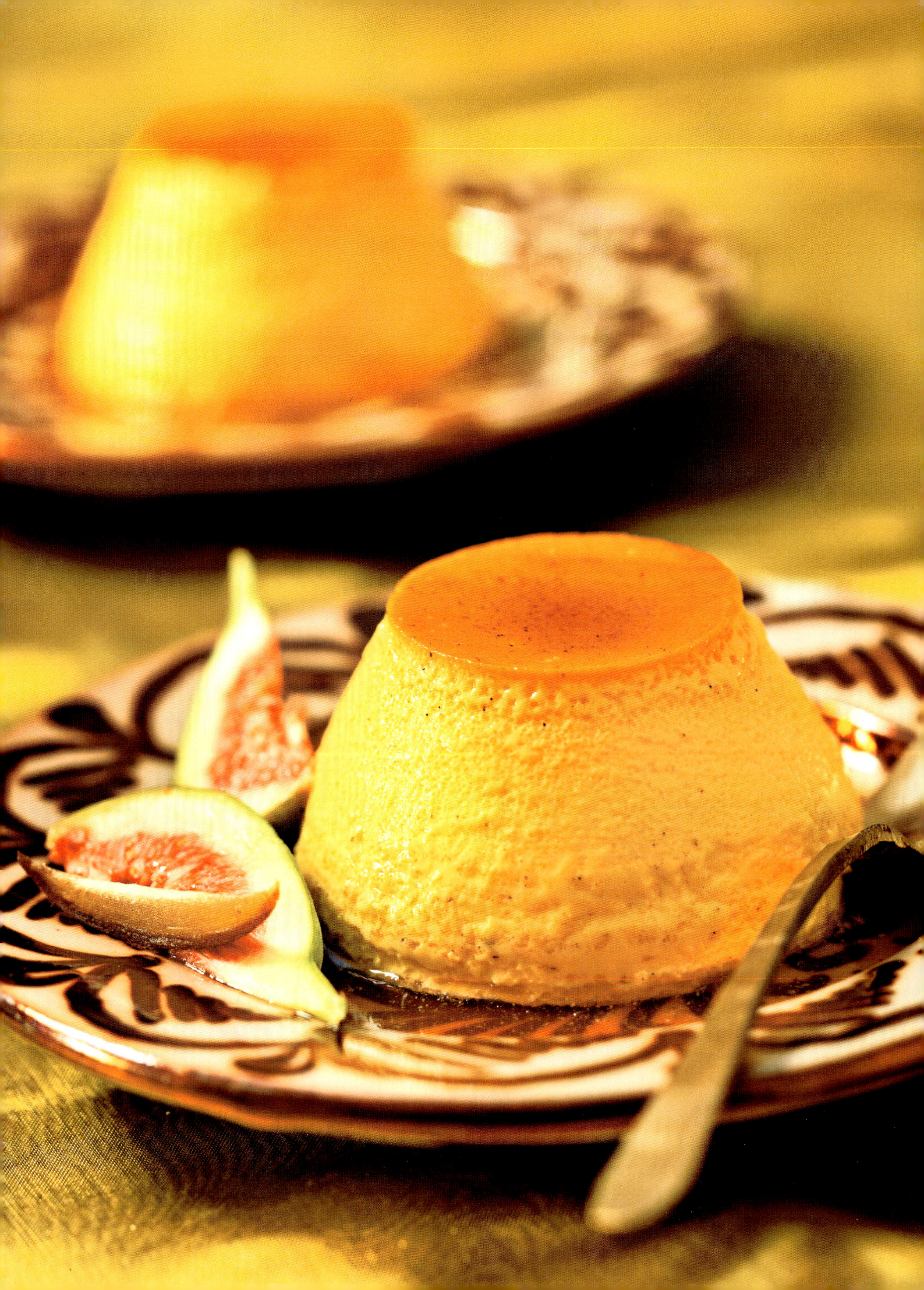

Saudi Arabien : Spanien

Flan mit Feigen und Datteln

(Für 6 Förmchen à ca. 150 ml)

125 g Zucker
3 Eier
3 Eigelbe
1 PK Bourbon Vanillezucker
500 ml Milch
2 Feigen
4 Datteln (ohne Kern)
50 ml Sherry
Alufolie

75 g Zucker in einem kleinen Topf karamellisieren und so in die gefetteten Flanförmchen gießen, dass der Boden bedeckt ist.

Eier, Eigelbe und 25 g Zucker und Vanillezucker schaumig rühren. Milch hinzugießen und ca. 1 Min. weiter cremig rühren. Eiermasse in die Flanförmchen füllen, mit Alufolie abdecken und in ein Wasserbad setzen. Im vorgeheizten Backofen (E-Herd: 200 °C; Umluft: 180 °C) ca. 50 Min. dämpfen. Flan auskühlen lassen.

Die Feigen und Datteln putzen und in mundgerechte Stücke schneiden. Dann den Sherry mit dem restlichen Zucker aufkochen. Mit den Feigen und Datteln vermischen und ziehen lassen. Flan auf einen Teller oder eine Platte stürzen. Mit Feigen und Datteln servieren.

Fußball ist ein kurzlebiges Geschäft, Spieler und Trainer wechseln mit jeder Saison, nicht selten auch währenddessen. Der spanische Superstar Raùl (Foto rechts) ist anders. Er bleibt. Wo? Na, bei den Königlichen aus Madrid selbstverständlich. Er stürmt dort seit 14 Jahren und hat 2003 einen Vertrag für sieben weitere Jahre unterschrieben. 2006 spielt Raùl seine dritte WM für Spanien und vielleicht wird Stetigkeit bei diesem Turnier ja belohnt.

Vorrunde Gruppe H • 23.06.06 • 16:00 • 97

Die Finalrunde

Neues Spiel, neues Glück: Ab jetzt werden die (Speise-)Karten neu gemischt – und zwar von Ihnen. Auf den folgenden Seiten finden Sie 32 Länder-Rezeptkarten, mit denen Sie sich das zu jeder Finalpartie passende Menü zusammenstellen können. Und: Es handelt sich schließlich um Spielkarten, Sie dürfen also kreativ werden und nach der WM weiter munter mit den Karten und Köstlichkeiten aus 32 Ländern jonglieren. Außerdem gilt: Nach dem Spiel ist vor dem Spiel, und die Fußballeuropameisterschaft steht ja bereits vor der Tür. Sie wird 2008 bei unseren Nachbarn in Österreich und der Schweiz gefeiert ...

Schon vor 70 Jahren hat es ihnen mächtig geschmeckt: die deutsche Elf 1936 im Trainingslager mit Co-Trainer Sepp Herberger (zweiter von rechts)

Deutschland
Schweinebraten

Costa Rica
Gebackene Ananas

Polen
Piroggen

Ecuador
Arroz con Platano

Gebackene Ananas

Zutaten für 4 Portionen
1 Ananas
1 EL Honig
1 EL Rum
1 EL flüssige Butter
1 Zitrone in Spalten

Ananas unten und oben flach abschneiden und quer in Scheiben schneiden.
Honig, Rum und Butter verrühren, Ananas damit einpinseln und auf dem Grillrost unter dem heißen Backofengrill ca. 5 Min. unter Wenden grillen.
Mit Zitronenspalten servieren.

Schweinebraten

Zutaten für 4 Portionen
2-3 frische Rosmarinzweige
3 Knoblauchzehen
1 unbehandelte Zitrone (Schale)
1 TL Fenchelsamen
1 Prise Nelkenpulver
Salz
Pfeffer aus der Mühle
1 kg ausgelöstes Kotelettstück vom Schwein

Backofen auf 200 °C vorheizen. 1 TL frische Rosmarinnadeln und die Knoblauchzehen sehr fein hacken. Beides in ein Schälchen geben. Schale von einer Zitrone abreiben, zusammen mit 1 TL Fenchelsamen, 1 Prise Nelkenpulver, Salz und Pfeffer in die Schüssel geben, alles gründlich mischen.
Das Fleisch rundherum an mehreren Stellen mit einem spitzen Messer etwa 1 cm tief einstechen. Die kleinen Löcher mit jeweils 1 Messerspitze von der Gewürzmischung füllen. Den Braten salzen und pfeffern, übrige Rosmarinzweige darauf verteilen und das Ganze wie einen Rollbraten fest verschnüren. Schweinebraten in eine gefettete Reine legen.
Fleisch im vorgeheizten Backofen (200 °C) ca. 30 Min. garen. Dann die Temperatur auf 170 °C reduzieren, 1 Tasse Wasser mit 1 TL Salz angießen und in ca. 1 Std. fertig garen, dabei häufig wenden und mit dem Bratensaft beträufeln, bei Bedarf noch etwas Wasser zugießen.

Arroz con Platano
(Reis mit Bananen)

Zutaten für 4 Portionen
1 Tasse Reis
2 Tassen Wasser
1 Zwiebel
1 EL Öl
Salz
1 große reife Kochbanane
3 EL Öl

Reis und Wasser aufkochen und zugedeckt bei kleinster Hitze in ca. 20 Min. ausquellen lassen. Zwiebel schälen, fein hacken, im Öl andünsten, mit Salz unter den fertigen Reis mischen.
Banane schälen, in Scheiben schneiden. Öl erhitzen und die Scheiben knusprig ausbacken, mehrmals wenden und vor dem Servieren den fertigen Reis damit garnieren.

Piroggen

Zutaten für 4 Portionen
250 g Mehl, 20 g Hefe, 100 ml lauwarme Milch
2 Eier, 1 Prise Zucker, 1 TL Öl
200 g Schweinefleisch (Schulter ohne Knochen)
1 Zwiebel, 1 Knoblauchzehe, 1 EL Öl, 10 g Butter
125 g Champignons, Salz, Pfeffer
1 EL Crème fraîche, 1 Eigelb

Mehl in eine Schüssel sieben, in die Mitte eine Mulde drücken. Hefe in der Milch auflösen, in die Mulde gießen, etwas Mehl vom Rand darüber streuen und zugedeckt 15 Min. gehen lassen. Eier, Zucker und Öl unterkneten und weitere 30 Min. zugedeckt gehen lassen.
Das Fleisch in feine Stücke schneiden oder hacken.
Zwiebel und Knoblauch schälen. Butter und Öl erhitzen, beides andünsten, das Hackfleisch zufügen und krümelig braten. Pilze putzen, hacken und untermischen. Mit Salz und Pfeffer würzen und die Crème fraîche einrühren.
Den Teig auf einer bemehlten Arbeitsfläche ausrollen und Plätzchen mit 10 cm Durchmesser ausstechen. Teigreste wieder durchkneten und ausstechen.
Jeweils einen Klacks Füllung in die Mitte geben, zum Halbkreis zusammenklappen und die Ränder mit einer Gabel gut zusammendrücken. Auf ein gefettetes Backblech setzen, mit verquirltem Eigelb bestreichen und nochmals 20 Min. gehen lassen.
Bei 200 °C ca. 15 Min. backen.

England
Shepherds Pie

Paraguay
Chipas

Trinidad & Tobago
Karibische Spieße

Schweden
Köttbullar & Gratin

Chipas

Zutaten für 40 Portionen
400 g geriebener Bauernkäse (Bergkäse)
400 g Tapiokamehl (Maniok), ersatzweise Weizenmehl
5 EL weiche Butter
3 Eier, leicht verquirlt
1/2 EL Backpulver

Alle Zutaten miteinander zu einem glatten Teig verkneten. Ca. 40 kleine Röllchen formen, auf ein mit Backpapier ausgelegtes Backblech legen und im vorgeheizten Backofen (200 °C) in ca. 15 Min. hellbraun backen. Herausnehmen und noch heiß servieren.

Shepherds Pie

Zutaten für 8-10 Portionen
500 g mehligkochende Kartoffeln
2 Zwiebeln
400 g Hackfleisch
2 EL Öl
1 TL Tomatenmark
Salz, Pfeffer aus der Mühle
80 ml heiße Milch
Muskat
Butter für Formen
100 g Cheddar, gerieben
8-10 Portionsformen

Kartoffeln schälen, waschen und in Salzwasser ca. 25 Min. garen.
Zwiebeln schälen und fein würfeln. Hack und Zwiebeln im heißen Öl anbraten. Tomatenmark zugeben. Alles mit Salz und Pfeffer würzen.
Kartoffeln abgießen, abtropfen lassen und zerstampfen. Heiße Milch unterrühren und mit Salz, Pfeffer und Muskat würzen. Portionsformen ausbuttern.
Das Hackfleisch in Formen füllen, das Kartoffelpüree darauf verteilen und mit Käse bestreuen. Im vorgeheizten Backofen (200 °C, Mitte) ca. 20 Min. backen.

Köttbullar & Gratin

Zutaten für 4 Portionen
Köttbullar: 500 g gemischtes Hackfleisch, 1 Schalotte, fein gehackt, 1 altbackene Semmel, etwas Milch zum Einweichen 1 Ei, 1/2 TL Salz, Pfeffer aus der Mühle, Butterfett

Senfsauce: 3 EL Senf, 40 g Butter, 200 g Sahne, Salz 1 EL gehackte Dillspitzen

Kartoffelgratin: 800 g Kartoffeln, 250 g Sahne, 250 ml Milch Salz, Pfeffer aus der Mühle, 80 g Gruyère (oder Bergkäse), gerieben, Butter für Form

Schalotte in heißer Butter glasig schwitzen. Die Semmel in Milch einweichen, ausdrücken und zusammen mit den Schalotten und dem Ei zum Hack geben und alles mit Salz und Pfeffer gut vermengen. Mit nassen Händen kleine Bällchen formen und diese in heißem Butterfett rundum goldbraun braten.
Für die Senfsauce Butter mit dem Senf in einem kleinen Topf schmelzen, Sahne langsam mit einem Schneebesen einrühren, erhitzen, mit Salz würzen und den Dill unterrühren. Warm halten.
Für das Gratin Kartoffeln schälen, waschen, trocken tupfen, in dünne Scheiben schneiden und in eine gebutterte Auflaufform dachziegelartig einschichten.
Sahne, Milch, Salz, Pfeffer und geriebenen Käse verrühren und über die Kartoffeln gießen. Bei ca. 200 °C im Backofen ca. 45-50 Min. backen, bis die Kartoffeln weich sind.

Karibische Spieße

Zutaten für 4 Portionen
600 g Schweinefleisch (Schnitzelfleisch)
8 EL Olivenöl
3 EL helle Sojasauce
2 Knoblauchzehen
2 TL Salz
Pfeffer aus der Mühle
1/2 Ananas
8 Spieße

Das Fleisch in mundgerechte Stücke schneiden. Für die Marinade das Öl mit der Sojasauce kräftig schlagen. Knoblauch schälen und pressen. Salz, Knoblauch und Pfeffer unterrühren. Das Fleisch damit überziehen und über Nacht im Kühlschrank marinieren. Am nächsten Tag Ananas gründlich schälen, in dünne Scheiben schneiden und diese mundgerecht schneiden. Das Fleisch aus der Marinade nehmen, trockentupfen und abwechselnd mit Ananasstücken (und nach Belieben noch mit Ananasblättern) auf die Spieße stecken. Die Spieße mit der Marinade bestreichen und unter häufigem Wenden in ca. 8 - 10 Min. rundum goldbraun grillen.

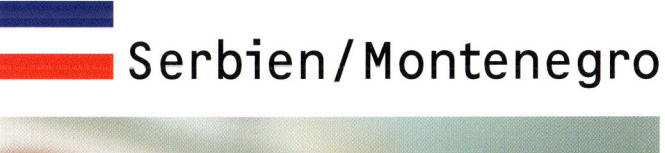

Argentinien
Rindersteak

Elfenbeinküste
Teigtaschen

Serbien/Montenegro
Djuvec

Niederlande
Chicorée

Teigtaschen

Zutaten für 6 Portionen
20 g frische Hefe, 200 ml Wasser, 400 g Mehl, 2 EL Öl
1/2 TL Salz
Für die Füllung: 1 Makrele, küchenfertig, 2 Tomaten
1 Zwiebel, 1 Knoblauchzehe, Salz, Pfeffer aus der Mühle
2 EL gehackte Petersilie, 1 EL Öl, 150 g Tomatenpüree
1 l Öl zum Frittieren

Hefe mit knapp 200 ml lauwarmem Wasser glatt rühren. Mehl, Öl und 1/2 TL Salz in eine Schüssel geben, aufgelöste Hefe zugeben und alles mit den Knethaken des elektrischen Handrührgeräts zu einem glatten Teig verkneten. Zugedeckt an einem warmen Ort ca. 45 Min. gehen lassen.
Makrele in leicht kochendem Salzwasser ca. 15 Min. gar ziehen lassen. Herausnehmen, abkühlen lassen und das Fleisch ablösen. Tomaten waschen und klein hacken. Zwiebel und Knoblauch schälen und hacken. Makrelenfleisch, Tomate, Zwiebel, Knoblauch und Petersilie mischen und mit Salz und Pfeffer würzen. Öl mit dem Tomatenmark verrühren und die Makrelen-Mischung damit gut vermengen. Den Teig auf bemehlter Arbeitsfläche dünn ausrollen und Quadrate von 10 cm Größe ausschneiden. Je etwas Füllung darauf verteilen, diagonal zusammenklappen, die Enden mit einer Gabel zusammendrücken. In heißem Öl portionsweise goldbraun frittieren. Fertige Teigtaschen kurz auf Küchenkrepp abtropfen lassen und im Backofen (70 °C) warm halten. Zum Beispiel mit einer Tomatensauce servieren.

powered by NEFF

Rindersteak

Zutaten für 2 Portionen
600 g mittelgroße neue Kartoffeln
1 Schalotte, 2 Möhren, 2 kleine Zucchini
Je einige Stiele Dill und Schnittlauch
200 g Quark, 4 EL Milch
Salz, Pfeffer aus der Mühle
1 EL Olivenöl, 1 EL Limettensaft
Muskat
2 Filetsteaks vom Rind (à ca. 180 g)

Kartoffeln gründlich abbürsten und in kochendem Wasser 15 bis 20 Min. lang garen. Schalotte abziehen und fein hacken. Möhren schälen. Zucchini waschen und putzen. Gemüse in feine Streifen schneiden. Kräuter waschen, trocknen und hacken.
Quark, Milch und Kräuter verrühren. Mit Salz und Pfeffer würzen. Öl erhitzen. Schalotte, Möhren- und Zucchinistreifen darin bei mittlerer Hitze für ca. 3 Min. dünsten. Mit Limettensaft, Salz, Pfeffer und Muskat würzen.
Steaks in einer Grillpfanne oder auf dem heißen Grill je nach Dicke und Vorlieben pro Seite für ca. 3-5 Min. grillen. Mit Salz und Pfeffer würzen. Kartoffeln abgießen, etwas abdampfen lassen und der Länge nach einschneiden. Mit Quark, je 1 Steak und Gemüse auf Tellern anrichten.

powered by NEFF

Chicorée

Zutaten für 4 Portionen
Sauce Hollandaise: 250 g Butter, 2 Eigelbe
4 EL trockener Weißwein, 2 EL Zitronensaft
Salz, weißer Pfeffer aus der Mühle
4 Chicorée, 4 Scheiben gekochter Schinken, 4 EL geriebener Parmesan, 50 ml trockener Weißwein, Salz, Pfeffer
Fett für die Form

Für die Hollandaise Butter zerlassen und den Schaum abschöpfen. Eigelbe und Wein in eine Metallschüssel geben und im heißen Wasserbad schaumig schlagen, dann die Butter zuerst tropfenweise, dann in dünnem Strahl unter ständigem Weiterrühren dazugeben, bis eine schöne Sauce entsteht. Die Eimasse darf nicht gerinnen. Mit Zitronensaft, Salz und Pfeffer abschmecken.
Chicorée waschen, putzen, Strunk keilförmig herausschneiden. Salzwasser zum Kochen bringen und die Stauden 3 Min. blanchieren, herausheben und kalt abschrecken. Gut abtropfen lassen.
Auflaufform mit Butter einfetten, die Chicoréestauden mit Schinken umwickeln und nebeneinander in die Form setzen. Mit je 1 EL Parmesan bestreuen, etwas salzen und pfeffern, den Wein angießen und mit Alufolie zugedeckt im Backofen bei 200 °C 20 Min. überbacken. Mit Sauce Hollandaise und Toastscheiben servieren.

powered by NEFF

Djuvec

Zutaten für 4 Portionen
Je 1 grüne und rote Paprikaschote
2 Zwiebeln
500 g Steakfleisch vom Rind, in mundgerechte Würfel geschnitten
3 EL Butterschmalz
Salz, Pfeffer aus der Mühle
300 g 8-Minuten-Kurzzeitreis
300 ml Gemüsebrühe
300 ml Tomatensaft (Glas)
1 Dose Maiskörner (Abgetropfgewicht 285 g)
Tabasco

Paprika putzen, entkernen, waschen und in 2 cm große Würfel schneiden. Zwiebeln schälen und hacken. In einem weiten Topf Fleisch, Zwiebeln und Paprika im heißen Butterschmalz 5 Min. bei milder Hitze anbraten. Salzen und pfeffern. Den Reis dazugeben und kurz mitbraten. Brühe und Tomatensaft angießen, aufkochen und bei schwacher Hitze zugedeckt 8-10 Min. quellen lassen. Mais untermischen und erhitzen. Mit Salz, Pfeffer und etwas Tabasco abschmecken.

powered by NEFF

Mexiko
Tortillachips

Iran
Tchelo

Angola
Süßkartoffeln

Portugal
Bacalao

Tchelo

Zutaten für 4 Portionen
300 g Basmatireis
Salz
150 g Kartoffeln
4 EL Butter

Reis in einem Sieb unter fließendem Wasser waschen. Dann mit ca. der doppelten Menge leicht gesalzenem Wasser aufkochen und zugedeckt bei kleinster Hitze in ca. 10 Min. quellen lassen.
Dann in ein Sieb schütten und kaltes Wasser darüber laufen lassen. Reis abtropfen.
Kartoffeln schälen, waschen und in dünne Scheiben schneiden. In einem weiten Topf 2 EL Butter erhitzen lassen.
Kartoffelscheiben hineinlegen, Reis darauf häufeln und übrige Butter in Flöckchen darauf verteilen. Ein Küchentuch auf den Topf legen, Deckel aufsetzen und gut verschlossen auf kleinster Hitze ca. 1 Std. garen.
Vor dem Servieren den Topf kurz in kaltes Wasser stellen, dadurch löst sich die Kruste.

Tortillachips

Zutaten für 4 Portionen
Für den Dip:
2 Knoblauchzehen
200 g Schafskäse
250 g Sahne
Salz, Pfeffer aus der Mühle
Einige Tropfen Tabasco

1 Tüte Tortillachips (Fertigprodukt)
ca. 100 g geraspelter Käse (z. B. Gouda)

Den Knoblauch schälen. Schafskäse, Sahne und Knoblauch pürieren. Mit Salz, Tabasco und Pfeffer würzen.
Tortillachips auf ein mit Backpapier ausgelegtes Backblech ausbreiten, mit dem geraspelten Käse bestreuen und im heißen Backofen (220 °C) überbacken, bis der Käse zu schmelzen beginnt. Tortillachips mit Käsedip servieren.

Bacalao (Stockfischbällchen)

(Für ca. 20 Stück)
250 g Stockfisch (getrockneter Kabeljau)
250 g mehlig kochende Kartoffeln, 1 Zwiebel
3 EL gehackte Petersilie
4 EL Portwein, Salz, Pfeffer aus der Mühle, Muskat
2-3 Eier, Öl zum Frittieren

Stockfisch mindestens 12 Std. in kaltem Wasser einweichen, das Wasser dabei mehrmals wechseln.
Dann den Fisch ca. 15 Min. in kochendem Wasser garen. Herausnehmen, etwas abkühlen, Haut und Gräten entfernen und durch den Fleischwolf drehen.
Kartoffeln schälen, waschen und in ca. 25 Min. garen, abgießen, ausdampfen lassen und durch die Kartoffelpresse drücken. Zwiebel schälen und fein hacken.
Durchgedrückte Kartoffeln mit dem zerkleinerten Stockfisch, Zwiebel und gehackter Petersilie in eine Schüssel geben und gründlich mischen. Portwein unterrühren, mit Salz, Pfeffer und frisch geriebenem Muskat würzen.
Nacheinander die Eier unterarbeiten, bis eine glatte Masse entsteht.
Mit 2 Esslöffeln Bällchen aus der Fischmasse abstechen, im heißen Öl goldbraun frittieren. Auf Küchenpapier abtropfen lassen und noch lauwarm servieren.

Süßkartoffeln, überbacken

Zutaten für 4 Portionen
4 Süßkartoffeln (à ca. 200 g)
40 g Butter
80 g Kokoscreme (ungesüßt, Dose)
Salz
1/2 TL Zimtpulver
Butterflöckchen

Süßkartoffeln waschen, mit kaltem Wasser aufsetzen, aufkochen und zugedeckt ca. 20 Min. kochen lassen. Dann abgießen und etwas abkühlen lassen.
Süßkartoffeln der Länge nach durchschneiden und das Innere mit einen Teelöffel vorsichtig herauskratzen. Dabei noch einen ca. 0,5 cm breiten Rand stehen lassen.
Das ausgelöste Süßkartoffelfleisch durch eine Kartoffelpresse drücken, mit der Butter und der Kokoscreme vermengen und mit Salz und Zimt würzen.
Das Püree wieder in die Schalen füllen, mit Butterflöckchen belegen und in ca. 2 Min. unter dem heißen Backofengrill goldbraun überbacken.

USA	Tschechien
Cheeseburger	**Buchteln**
Italien	Ghana
Pizza Margherita	**Erdnusshühnchen**

Buchteln

Zutaten für 4 Portionen
200 g Trockenpflaumen (16 Stück, ohne Stein)
3 EL Rum
300 g Mehl
1 Päckchen Trockenhefe
1 Becher Jogurt
3 EL Zucker, 1 Prise Salz, 1 Ei
50 g Butter

Die Trockenpflaumen mit dem Rum in einer kleinen Schüssel marinieren.
Das Mehl mit der Hefe verrühren. Den Jogurt in heißem Wasser kurz anwärmen. Mit Zucker, Salz und Ei verquirlen. Vorsichtig unter das Mehl ziehen und solange kneten bis der Teig nicht mehr klebt. Anschließend auf einer bemehlten Fläche zu einer Rolle formen und in 16 gleichgroße Stücke schneiden.
Die Teigportionen jeweils mit einer Pflaume füllen und zu einem runden Kloß formen. Etwas Butter in einer Form zerlassen, die Klöße rundherum mit dem Fett bepinseln und anschließend dicht nebeneinander in die Form setzen. An einem warmen Ort ca. 20 Min. gehen lassen.
Den Backofen auf 180 °C vorheizen. Die Form in den Ofen stellen und 30 Min. goldbraun backen.
Dazu passt Vanillesauce.

powered by NEFF

Cheeseburger, extra big

Zutaten für 4 Portionen
800 g Beefsteakhack, Salz, Pfeffer
Butterschmalz
4 Hamburgerbrötchen
1 TL Senf
2 EL Tomatenketchup oder Chilisauce aus dem Glas
1 rote Zwiebel, 2 Gewürzgurken, 2 Tomaten
8 Scheiben Gouda oder Emmentaler

Hackfleisch mit Salz und Pfeffer würzen und zu acht flachen, runden Burgern verarbeiten. Die Hacksteaks in der Pfanne in etwas Butterschmalz auf jeder Seite ca. 6 Min. kross braten. Die Hamburgerbrötchen durchschneiden. Ein Backblech mit Backpapier auslegen und die Brötchenhälften darauf legen. Senf und Ketchup (oder Chilisauce) verrühren und die unteren Brötchenhälften mit der Hälfte der Soße bestreichen. Zwiebel in dünne Ringe schneiden, Gewürzgurken und die Tomaten in dünne Scheiben schneiden und auf der Sauce verteilen. Hacksteaks darauf setzen, mit je einer Käsescheibe belegen, restliche Sauce darauf geben, zweites Hacksteak und Käsescheibe darauf schichten und aufgeklappt im vorgeheizten Ofen bei ca. 200 °C (Umluft 180 °C) auf der 2. Einschubleiste von oben 8-10 Min. backen. Die zugehörige Brötchenhälften obenauf setzen und sofort servieren.

powered by NEFF

Erdnusshühnchen

Zutaten für 4 Portionen
1 Hähnchen, ca. 1,5 kg
Salz, Pfeffer aus der Mühle
4 EL Butterschmalz
1 Zwiebel, 1 Knoblauchzehe
2 Möhren, 150 g Erbsen (TK), 1 rote Paprikaschote
1 Msp. Nelke, 250 g Sahne
200 g ungesalzene Erdnüsse
1 hartgekochtes Ei

Huhn in acht Teile teilen, waschen, trockentupfen, salzen, pfeffern und in 2 EL Butterschmalz in einem Bräter rundherum anbraten. 1 Tasse Wasser angießen und im vorgeheizten Backofen (180 °C) 40 Min. schmoren.
Zwiebel und Knoblauch schälen, fein hacken.
Möhren schälen und würfeln. Erbsen auftauen lassen. Paprika halbieren, entkernen, waschen und in kurze Streifen schneiden. Zwiebel und Knoblauch im restlichen Butterschmalz andünsten, Möhren und Paprika zugeben, 1/2 Tasse Wasser zugießen und bei schwacher Hitze 5 Min. köcheln lassen. Dann Erbsen zugeben, mit Salz, Pfeffer und Nelken würzen und alles zu den Hühnerstücken geben. Sahne einrühren, mit Nüssen bestreuen und in 10 Min. fertiggaren. Zum Servieren auf eine Platte geben. Ei pellen, vierteln und auf dem Gericht verteilen.

powered by NEFF

Pizza Margherita

Zutaten für 2 Pizzas
Für den Teig: 250 g Mehl, 20 g frische Hefe, 125 ml lauwarmes Wasser, 4 EL Olivenöl, Salz
Für den Belag: 1 große Dose Pizzatomaten (850 ml), 2 EL Olivenöl, 2 Knoblauchzehen, 1 TL getr. Oregano, Salz und Pfeffer, 2 Kugeln Mozzarella, 1 Bund Basilikum

Das Mehl in eine Schüssel geben und in die Mitte eine Mulde drücken. Die Hefe zerkrümeln und mit etwas Wasser verrühren. In die Mulde geben, mit Mehl bestäuben und zugedeckt 15 Min. ruhen lassen. Das restliche Wasser, Salz und Öl dazugeben und alles zu einem geschmeidigen, glatten Teig verarbeiten. Den Teig zugedeckt an einem warmen Ort etwa 1 Std. gehen lassen. Tomaten mit 1 EL Öl in einen Topf geben und bei starker Hitze offen etwa 5 Min. etwas einkochen lassen. Mit feingehacktem Knoblauch, Oregano, Salz und Pfeffer abschmecken. Mozzarella in Scheiben schneiden. Basilikum waschen, trocken schwenken und die Blättchen abzupfen. Backofen auf 250 °C vorheizen. Den Teig noch einmal gut durchkneten, in zwei Hälften teilen und zu zwei tellergroßen dünnen Pizzas ausrollen. Den Rand etwas dicker formen und mit Öl bestreichen. Ein Backblech mit Backpapier auslegen. Die Pizzas darauf legen. Die Tomatensauce auf dem Teig verteilen. Mit Mozzarella und Basilikum belegen und mit dem restlichen Olivenöl beträufeln. Im heißen Ofen etwa 15 Min. backen, bis der Teig gebräunt und der Käse zerlaufen ist.

powered by NEFF

🇦🇺 Australien

Straußensteaks

🇯🇵 Japan

Sashimi

🇧🇷 Brasilien

Caipirinha

🇭🇷 Kroatien

Cevapcici

Sashimi

500 g allerfrischestes Fischfilet
z.B. Lachs, Schellfisch, Tunfisch, Bonito
1 weißer Rettich
1 Karotte
1 EL Sojasauce
2 TL Reiswein
(ersatzweise Medium Dry Sherry)
1 TL japanische Wasabi-Paste (Asiamarkt)

Den Fisch mit einem sehr scharfen Messer in mundgerechte Happen oder Streifen schneiden und dekorativ anrichten. Rettich und Karotte mit einem Julienneschneider in feine Streifen raspeln. Sojasauce und Reiswein verrühren. Mit der Wasabi-Paste zusammen mit dem Fisch anrichten.

Straußensteaks

Zutaten für 4 Portionen
Für das Grillgemüse: 4 EL Zitronensaft, 50 ml Olivenöl, je 1 Msp. gemahlener Koriander, Kardamom und Piment, Salz, Pfeffer aus der Mühle, 2 kleine Auberginen, 4 kleine Zucchini, 1 große Fenchelknolle
Für die Steaks: 600 g Straußensteaks, ca. 2 EL Öl zum Braten, 3 EL Macadamianüsse, 60 g Butter, 50 g Semmelbrösel

Zitronensaft mit dem Öl und den Gewürzen sowie Salz und Pfeffer verquirlen. Gemüse putzen und waschen. Auberginen schräg in dünne Scheiben schneiden, Zucchini längs halbieren, die Fenchelknolle längs halbieren. Gemüse salzen und mit Zitronenöl bestreichen, auf ein Backblech legen und im heißen Backofen (250 °C) ca. 12-15 Min. unter gelegentlichem Wenden braten, dabei ab und zu mit Zitronenöl bepinseln. Gemüsescheiben warm stellen.
Steaks waschen und trockentupfen, mit Öl bestreichen und beiseite stellen. Die Macadamianüsse in der elektrischen Messermühle nicht zu fein zerkleinern. Die Butter in einer kleinen Pfanne zerlassen und die Semmelbrösel darin goldgelb rösten. Die Nüsse hinzufügen und alles abkühlen lassen.
Den Backofengrill vorheizen. Etwas Öl in einer Pfanne erhitzen. Die Straußensteaks salzen und pfeffern, auf jeder Seite 2 - 3 Min. im heißen Öl braten. Dann die Steaks auf einer Seite mit der Semmelbröselmasse bedecken und unter dem Backofengrill ca. 5 Min. goldbraun überbacken.
Mit dem Grillgemüse anrichten.

Cevapcici

Zutaten für 4 Portionen
600 g Rinderhack
Salz
1 Knoblauchzehe
2 Schalotten, fein gehackt
1 EL Paprikapulver, edelsüß
1 Eigelb
Öl
Holzspieße
Feine Streifen roter Paprika

Hackfleisch, Salz, durchgepressten Knoblauch, Schalotten, Paprikapulver und das Eigelb verkneten und ca. daumengroße Rollen formen. Diese auf Holzspieße stecken, mit Öl einpinseln und auf dem heißen Grill (oder unter dem heißen Backofengrill) langsam rundum goldbraun braten. Nach Belieben mit feinen Streifen roter Paprika garnieren.

Caipirinha

Zutaten für 1 Glas
1 Limette
2 EL weißer (!) Rohrzucker
3 - 4 zerstoßene Eiswürfel
70 ml Cachaça

Die Limette in Achtel schneiden, in ein großes Glas geben, 2 gehäufte EL weißen Rohrzucker hinzugeben. Im Glas mit einem Mörserstößel die Limettenwürfel zerdrücken und dabei mit dem Zucker vermischen. Danach ca. 2 Min. stehen lassen. Anschließend 3-4 zerstoßene Eiswürfel ins Glas füllen und 70 ml Cachaça hinzugeben.
Anschließend kräftig verrühren, bis sich der Zucker löst.

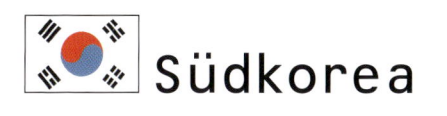

Südkorea	**Togo**
Reispfanne	Hirsebrei (Lakh)
Frankreich	**Schweiz**
Quiche Lorraine	Ramequin

Hirsebrei (Lakh)

Zutaten für 6 Portionen
400 g Hirse
Salz
frisch geriebene Muskatnuss
500 g Quark
500 g Crème fraîche
50 ml Milch
200 g Puderzucker
1 EL Rosenblütenwasser
100 g Rosinen

In einem Topf 500 ml Wasser aufkochen, Hirse einrühren, je 2 Prisen Salz und Muskat zugeben, aufkochen und 30 Min. leise köcheln lassen. Gelegentlich umrühren. Bei Bedarf noch etwas Wasser zugeben (Es soll ein schöner Brei entstehen). Quark mit Crème fraîche, Puderzucker, Milch und Rosenblütenwasser verrühren, die Rosinen unterheben und kalt stellen. Hirsebrei mit der Quarkcreme servieren.

powered by NEFF

Reispfanne

Zutaten für 4 Portionen
500 g Reis
1 EL Sesamkörner
1/2 Bund Schnittlauch
2 Möhren
2 Zwiebeln
2 rote Paprikaschoten
2 EL Sesamöl
2 TL Butter
Salz und Pfeffer aus der Mühle

Zuerst den Reis mit etwa der doppelten Menge leicht gesalzenem Wasser aufkochen und ca. 20 Min. bei schwacher Hitze ausquellen lassen. Sesam in einer Pfanne ohne Fett anrösten, beiseite stellen. Schnittlauch in Ringe schneiden. Möhren, Zwiebeln und Paprika in kleine Würfel schneiden und in eine mit Sesamöl und Butter erhitzte Pfanne geben. Das Gemüse kurz anbraten, anschließend den gekochten Reis hinzugeben. Alles gut vermischen, dann mit Sesamkörnern, Salz und Pfeffer würzen und mit Schnittlauch bestreuen.

powered by NEFF

Ramequin

Zutaten für 4 Portionen
400 g Weißbrot
250 g Greyerzer oder Emmentaler, in Scheiben
250 g Sahne
2 Eier
Salz, Muskat und Paprika
1-2 EL Butter

Brot in ca. 0,5 cm dicke Scheiben schneiden. Das Brot abwechselnd mit dem Käse in eine gefettete Auflaufform schichten. Sahne, Eier, Salz, Muskat und 1/2 TL Paprika verquirlen und über das Brot gießen. Butter in Flöckchen aufsetzen. Im vorgeheizten Backofen (200 °C) ca. 30 Min. überbacken.

powered by NEFF

Quiche Lorraine

Für eine Quicheform von 28 cm Durchmesser
250 g Mehl
125 g Butter
1 Gemüsezwiebel
250 g geräucherter Speck
3 Eier
250 g Sahne
Salz, Pfeffer aus der Mühle
50 g geriebener Greyerzer
3 hartgekochte Eier

Für den Teig das Mehl mit Butter, 1/2 TL Salz und 4 EL kaltem Wasser rasch zu einem Teig verkneten, zur Kugel formen, in Folie wickeln und 1 Std. in den Kühlschrank geben.
Für den Belag die Zwiebel schälen, hacken. Speck fein würfeln, in einer Pfanne auslassen, herausnehmen und die Zwiebel im Speckfett andünsten. Quicheform ausfetten. Den Teig auf einer bemehlten Arbeitsfläche ausrollen, in die Form setzen, einen Rand drücken. Speck und Zwiebel in die Form geben. Eier mit Sahne verschlagen, mit Salz und Pfeffer abschmecken, Käse untermischen, darüber gießen. Im Backofen bei 200 °C 20 Min. backen. Eier in Scheiben schneiden, etwas in den Belag drücken, nochmals 10 Min. backen.

powered by NEFF